Connected Mathematics 2

Trozos y piezas I

Comprender fracciones, decimales y porcentajes

Glenda Lappan

James T. Fey

William M. Fitzgerald

Susan N. Friel

Elizabeth Difanis Phillips

PEARSON

Prentice Hall

Boston, Massachusetts
Upper Saddle River, New Jersey

Connected Mathematics™ was developed at Michigan State University with financial support from the Michigan State University Office of the Provost, Computing and Technology, and the College of Natural Science.

This material is based upon work supported by the National Science Foundation under Grant No. MDR 9150217 and Grant No. ESI 9986372. Opinions expressed are those of the authors and not necessarily those of the Foundation.

The Michigan State University authors and administration have agreed that all MSU royalties arising from this publication will be devoted to purposes supported by the MSU Mathematics Education Enrichment Fund.

Acknowledgments appear on page 79, which constitutes an extension of this copyright page.

ISBN 0-13-133805-6

1 2 3 4 5 6 7 8 9 10   10 09 08 07 06

Autores de Connected Mathematics

(de izquierda a derecha) Glenda Lappan, Betty Phillips, Susan Friel, Bill Fitzgerald, Jim Fey

Glenda Lappan es Profesora Universitaria Distinguida del Departamento de Matemáticas de la Universidad Estatal de Michigan. Su campo de investigación es la interconexión entre el aprendizaje estudiantil de las matemáticas, y el crecimiento y cambio profesional de los maestros de matemáticas en relación con el desarrollo y aplicación de los materiales curriculares de los grados K a 12.

James T. Fey es Profesor de Curriculum e Instrucción y Matemáticas de la Universidad de Maryland. Su continuo interés profesional ha sido el desarrollo y la investigación de materiales curriculares que implican la participación de los estudiantes de la escuela media y secundaria en la investigación cooperativa basada en la resolución de problemas de ideas matemáticas y sus aplicaciones.

William M. Fitzgerald *(Fallecido)* fue Profesor del Departamento de Matemáticas de la Universidad Estatal de Michigan. Sus primeras investigaciones se centraron en el uso de materiales concretos para facilitar el aprendizaje estudiantil, aporte que condujo al desarrollo de materiales didácticos destinados al laboratorio. Más tarde, contribuyó a desarrollar un modelo de enseñanza para propiciar la experimentación matemática por parte de los estudiantes.

Susan N. Friel es Profesora de Educación de Matemáticas de la Escuela de Educación de la Universidad de Carolina del Norte en Chapel Hill. Sus intereses de investigación se centran en la enseñanza de estadística a los estudiantes de los grados medios y, más ampliamente, en el desarrollo y crecimiento profesional de los maestros en la enseñanza de las matemáticas de los grados K a 8.

Elizabeth Difanis Phillips es Especialista Académica Sénior del Departamento de Matemáticas de la Universidad Estatal de Michigan. Se interesa en la enseñanza y aprendizaje de las matemáticas tanto por parte de los maestros como de los estudiantes. Estos intereses la han conducido a desarrollar proyectos profesionales y curriculares para los niveles de escuela media y secundaria, así como proyectos relacionado con la enseñanza y el aprendizaje del álgebra en los distintos grados.

Plantilla de desarrollo de CMP2

Maestros colaboradores en residencia
Yvonne Grant
Universidad Estatal de Michigan

Ayudante administrativa
Judith Martus Miller
Universidad Estatal de Michigan

Producción y directora de campo
Lisa Keller
Universidad Estatal de Michigan

Apoyo técnico y editorial
Brin Keller, Peter Lappan, Jim Laser, Michael Masterson, Stacey Miceli

Equipo de exámenes
June Bailey y **Debra Sobko** (Escuela Intermedia Apollo, Rochester, Nueva York), **George Bright** (Universidad de Carolina del Norte, Greensboro), **Gwen Ranzau Campbell** (Escuela Intermedia Sunrise Park, White Bear Lake, Minnesota), **Holly DeRosia, Kathy Dole,** y **Teri Keusch** (Escuela Intermedia Portland, Portland, Michigan), **Mary Beth Schmitt** (Preparatoria Júnior Traverse City East, Traverse City, Michigan), **Genni Steele** (Escuela Intermedia Central, White Bear Lake, Minnesota), **Jacqueline Stewart** (Okemos, Michigan), **Elizabeth Tye** (Preparatoria Júnior Magnolia, Magnolia, Arkansas)

Ayudantes de desarrollo
En el Colegio Comunitario de Lansing *Ayudante por graduar:* **James Brinegar**

En la Universidad Estatal de Michigan *Ayudantes Graduados:* **Dawn Berk, Emily Bouck, Bulent Buyukbozkirli, Kuo-Liang Chang, Christopher Danielson, Srinivasa Dharmavaram, Deb Johanning, Kelly Rivette, Sarah Sword, Tat Ming Sze, Marie Turini, Jeffrey Wanko;** *Ayudantes por graduar:* **Jeffrey Chapin, Jade Corsé, Elisha Hardy, Alisha Harold, Elizabeth Keusch, Julia Letoutchaia, Karen Loeffler, Brian Oliver, Carl Oliver, Evonne Pedawi, Lauren Rebrovich**

En la Universidad Estatal de Maryland *Ayudantes Graduados:* **Kim Harris Bethea, Kara Karch**

En la Universidad de Carolina del Norte (Chapel Hill) *Ayudantes Graduados:* **Mark Ellis, Trista Stearns;** *Ayudante por graduar:* **Daniel Smith**

Consejo de asesores para CMP2

Thomas Banchoff
Profesor de Matemáticas
Universidad Brown
Providence, Rhode Island

Anne Bartel
Coordinador de Matemáticas
Escuelas Públicas de Minneapolis
Minneapolis, Minnesota

Hyman Bass
Profesor de Matemáticas
Universidad de Michigan
Ann Arbor, Michigan

Joan Ferrini-Mundy
Decano Asociado del Colegio de
Ciencias Naturales; Profesor
Universidad Estatal de Michigan
East Lansing, Michigan

James Hiebert
Profesor
Universidad de Delaware
Newark, Delaware

Susan Hudson Hull
Centro Charles A. Dana
Universidad de Texas
Austin, Texas

Michele Luke
Cordinador de Curriculum de
Matemáticas
Preparatoria Júnior del Oeste
Minnetonka, Minnesota

Kay McClain
Profesor de Educación de
Matemáticas
Universidad de Vanderbilt
Nashville, Tennessee

Edward Silver
Profesor; Catedrático de
Estudios de Educación
Universidad de Michigan
Ann Arbor, Michigan

Judith Sowder
Profesora Emérita
Universidad Estatal de San Diego
San Diego, California

Lisa Usher
Maestra de Investigación
Matemáticas
Academia de Matemáticas y
Ciencia de California
San Pedro, California

Centros de pruebas de campo para CMP2

Durante el desarrollo de la edición revisada de *Connected Mathematics* (CMP2), más de 100 docentes utilizaron en sus clases estos materiales, en 49 escuelas de 12 estados y del Distrito de Columbia. Esta puesta a prueba se desarrolló a lo largo de tres años lectivos (del 2001 al 2004), lo que permitió un cuidadoso estudio de la efectividad de cada una de las 24 unidades que componen el programa. Queremos agradecer especialmente a todos los estudiantes y maestros de esas escuelas piloto.

Arkansas
Escuelas Públicas de Magnolia
Kittena Bell*, Judith Trowell*; *Escuela Elemental Central:* Maxine Broom, Betty Eddy, Tiffany Fallin, Bonnie Flurry, Carolyn Monk, Elizabeth Tye; *Preparatoria Júnior Magnolia:* Monique Bryan, Ginger Cook, David Graham, Shelby Lamkin

Colorado
Escuelas Públicas de Boulder
Escuela Intermedia Nevin Platt: Judith Koenig

Distrito escolar, St. Vrain Valley Longmont
Escuela Intermedia Westview: Colleen Beyer, Kitty Canupp, Ellie Decker*, Peggy McCarthy, Tanya deNobrega, Cindy Payne, Ericka Pilon, Andrew Roberts

Distrito de Columbia
Escuela diurna Capitol Hill: Ann Lawrence

Georgia
Universidad de Georgia, Athens
Brad Findell

Escuela Públicas de Madison
Escuela Intermedia del Condado de Morgan: Renee Burgdorf, Lynn Harris, Nancy Kurtz, Carolyn Stewart

Maine
Escuela Públicas de Falmouth
Escuela Intermedia Falmouth: Donna Erikson, Joyce Hebert, Paula Hodgkins, Rick Hogan, David Legere, Cynthia Martin, Barbara Stiles, Shawn Towle*

Michigan
Escuelas Públicas de Portland
Escuela Intermedia Portland: Mark Braun, Holly DeRosia, Kathy Dole*, Angie Foote, Teri Keusch, Tammi Wardwell

Escuelas Públicas del Área de Traverse City
Elemental Bertha Vos: Kristin Sak; *Escuela Elemental Central:* Michelle Clark; Jody Meyers; *Elemental del Este:* Karrie Tufts; *Elemental Interlochen:* Mary McGee-Cullen; *Elemental Long Lake:* Julie Faulkner*, Charlie Maxbauer, Katherine Sleder; *Elemental Norris:* Hope Slanaker; *Elemental Oak Park:* Jessica Steed; *Elemental Traverse Heights:* Jennifer Wolfert; *Elemental Westwoods:* Nancy Conn; *Escuela Old Mission Peninsula:* Deb Larimer; *Preparatoria Júnior de Traverse City Este:* Ivanka Berkshire, Ruthanne Kladder, Jan Palkowski, Jane Peterson, Mary Beth Schmitt; *Preparatoria Júnior de Traverse City Oeste:* Dan Fouch*, Ray Fouch

Escuelas Públicas de Sturgis
Escuela Intermedia Sturgis: Ellen Eisele

Minnesota
Distrito Escolar 191 de Burnsville
Elemental Hidden Valley: Stephanie Cin, Jane McDevitt

Distrito Escolar 270 de Hopkins
Elemental Alice Smith: Sandra Cowing, Kathleen Gustafson, Martha Mason, Scott Stillman; *Elemental Eisenhower:* Chad Bellig, Patrick Berger, Nancy Glades, Kye Johnson, Shane Wasserman, Victoria Wilson; *Elemental Gatewood:* Sarah Ham, Julie Kloos, Janine Pung, Larry Wade; *Elemental Glen Lake:* Jacqueline Cramer, Kathy Hering, Cecelia Morris, Robb Trenda; *Elemental Katherine Curren:* Diane Bancroft, Sue DeWit, John Wilson; *Elemental L. H. Tanglen:* Kevin Athmann, Lisa Becker, Mary LaBelle, Kathy Rezac, Roberta Severson; *Elemental Meadowbrook:* Jan Gauger, Hildy Shank, Jessica Zimmerman; *Preparatoria Júnior del Norte:* Laurel Hahn, Kristin Lee, Jodi Markuson, Bruce Mestemacher, Laurel Miller, Bonnie Rinker, Jeannine Salzer, Sarah Shafer, Cam Stottler; *Preparatoria Júnior del Oeste:* Alicia Beebe, Kristie Earl, Nobu Fujii, Pam Georgetti, Susan Gilbert, Regina Nelson Johnson, Debra Lindstrom, Michele Luke*, Jon Sorenson

Distrito Escolar 1 de Minneapolis
Escuela K-8 Ann Sullivan: Bronwyn Collins; Anne Bartel* (Oficina de currículum e instrucción)

Distrito Escolar 284 de Wayzata
Escuela Intermedia Central: Sarajane Myers, Dan Nielsen, Tanya Ravenholdt

Distrito Escolar 624 de White Bear Lake
Escuela Intermedia Central: Amy Jorgenson, Michelle Reich, Brenda Sammon

Nueva York
Escuelas Públicas de la ciudad de Nueva York
IS 89: Yelena Aynbinder, Chi-Man Ng, Nina Rapaport, Joel Spengler, Phyllis Tam*, Brent Wyso; *Escuela Intermedia Wagner:* Jason Appel, Intissar Fernandez, Yee Gee Get, Richard Goldstein, Irving Marcus, Sue Norton, Bernadita Owens, Jennifer Rehn*, Kevin Yuhas

---

* indica Coordinador de Centro Pruebas de Campo

Ohio

Distrito Escolar de Talawand, Oxford
Escuela Intermedia de Talawanda:
Teresa Abrams, Larry Brock, Heather Brosey, Julie Churchman, Monna Even, Karen Fitch, Bob George, Amanda Klee, Pat Meade, Sandy Montgomery, Barbara Sherman, Lauren Steidl

Universidad de Miami
Jeffrey Wanko*

Escuelas Públicas de Springfield
Escuela Rockway: Jim Mamer

Pennsylvania

Escuelas Públicas de Pittsburgh
Kenneth Labuskes, Marianne O'Connor, Mary Lynn Raith*; *Escuela Intermedia Arthur J. Rooney:* David Hairston, Stamatina Mousetis, Alfredo Zangaro; *Academia de Estudios Internacionales Frick:* Suzanne Berry, Janet Falkowski, Constance Finseth, Romika Hodge, Frank Machi; *Escuela Intermedia Reizenstein:* Jeff Baldwin, James Brautigam, Lorena Burnett, Glen Cobbett, Michael Jordan, Margaret Lazur, Melissa Munnell, Holly Neely, Ingrid Reed, Dennis Reft

Texas

Distrito Escolar Independiente de Austin
Escuela Intermedia Bedichek: Lisa Brown, Jennifer Glasscock, Vicki Massey

Distrito Escolar Independiente de El Paso
Escuela Intermedia Cordova: Armando Aguirre, Anneliesa Durkes, Sylvia Guzman, Pat Holguin*, William Holguin, Nancy Nava, Laura Orozco, Michelle Peña, Roberta Rosen, Patsy Smith, Jeremy Wolf

Distrito Escolar Independiente de Plano
Patt Henry, James Wohlgehagen*; *Escuela Intermedia Frankford:* Mandy Baker, Cheryl Butsch, Amy Dudley, Betsy Eshelman, Janet Greene, Cort Haynes, Kathy Letchworth, Kay Marshall, Kelly McCants, Amy Reck, Judy Scott, Syndy Snyder, Lisa Wang; *Escuela Intermedia Wilson:* Darcie Bane, Amanda Bedenko, Whitney Evans, Tonelli Hatley, Sarah (Becky) Higgs, Kelly Johnston, Rebecca McElligott, Kay Neuse, Cheri Slocum, Kelli Straight

Washington

Distrito Escolar de Evergreen
Escuela Intermedia Shahala: Nicole Abrahamsen, Terry Coon*, Carey Doyle, Sheryl Drechsler, George Gemma, Gina Helland, Amy Hilario, Darla Lidyard, Sean McCarthy, Tilly Meyer, Willow Neuwelt, Todd Parsons, Brian Pederson, Stan Posey, Shawn Scott, Craig Sjoberg, Lynette Sundstrom, Charles Switzer, Luke Youngblood

Wisconsin

Distrito Escolar Unificado de Beaver Dam
Escuela Intermedia Beaver Dam: Jim Braemer, Jeanne Frick, Jessica Greatens, Barbara Link, Dennis McCormick, Karen Michels, Nancy Nichols*, Nancy Palm, Shelly Stelsel, Susan Wiggins

Escuelas Públicas de Milwaukee
Escuela Intermedia Fritsche: Peggy Brokaw, Rosann Hollinger*, Dan Homontowski, David Larson, LaRon Ramsey, Judy Roschke*, Lora Ruedt, Dorothy Schuller, Sandra Wiesen, Aaron Womack, Jr.

* indica Coordinador de Centro Pruebas de Campo

Revisiones de CMP para guiar el desarrollo de CMP2

Antes de empezar a escribir CMP2 o de que se hiciera el trabajo de investigación de campo, se envió la primera edición de *Connected Mathematics* a los cuerpos de profesores de distritos escolares de diversas áreas del país y a 80 asesores individuales, solicitándoles sus comentarios.

Revisión de encuestas de CMP de los distritos escolares

Arizona
Distrito Escolar #38 Madison (Phoenix)

Arkansas
Distrito Escolar Cabot, Distrito Escolar Little Rock, Distrito Escolar Magnolia

California
Distrito Escolar Unificado de Los Angeles

Colorado
Distrito Escolar St. Vrain Valley (Longmont)

Florida
Escuelas del Condado de Leon (Tallahassee)

Illinois
Distrito Escolar #21 (Wheeling)

Indiana
Preparatoria Júnior Joseph L. Block (Este de Chicago)

Kentucky
Escuelas públicas del Condado de Fayette (Lexington)

Maine
Selección de escuelas

Massachusetts
Selección de escuelas

Michigan
Escuelas de área de Sparta

Minnesota
Distrito Escolar Hopkins

Texas
Distrito Escolar Independiente de Austin, La Colaboración para Excelencia Académica de El Paso, Distrito Escolar Independiente de Plano

Wisconsin
Escuela Intermedia Platteville

Revisores individuales de CMP

Arkansas

Deborah Cramer; Robby Frizzell *(Taylor)*; Lowell Lynde *(Universidad de Arkansas, Monticello)*; Leigh Manzer *(Norfork)*; Lynne Roberts *(Preparatoria de Emerson, Emerson)*; Tony Timms *(Escuelas públicas de Cabot)*; Judith Trowell *(Departemento de Educación Superior de Arkansas)*

California

José Alcantar *(Gilroy)*; Eugenie Belcher *(Gilroy)*; Marian Pasternack *(Lowman M. S. T. Center, North Hollywood)*; Susana Pezoa *(San Jose)*; Todd Rabusin *(Hollister)*; Margaret Siegfried *(Escuela Intermedia Ocala, San Jose)*; Polly Underwood *(Escuela Intermedia Ocala, San Jose)*

Colorado

Janeane Golliher *(Distrito Escolar St. Vrain Valley, Longmont)*; Judith Koenig *(Escuela Intermedia Nevin Platt, Boulder)*

Florida

Paige Loggins *(Escuela Intermedia Swift Creek, Tallahassee)*

Illinois

Jan Robinson *(Distrito Escolar #21, Wheeling)*

Indiana

Frances Jackson *(Preparatoria Júnior Joseph L. Block, East Chicago)*

Kentucky

Natalee Feese *(Escuelas Públicas del Condado de Fayette, Lexington)*

Maine

Betsy Berry *(Alianza de Matemáticas y Ciencias de Maine, Augusta)*

Maryland

Joseph Gagnon *(Universidad de Maryland, Colegio Park)*; Paula Maccini *(Universidad de Maryland, Colegio Park)*

Massachusetts

George Cobb *(Colegio Mt. Holyoke, South Hadley)*; Cliff Kanold *(Universidad de Massachusetts, Amherst)*

Michigan

Mary Bouck *(Escuelas del área de Farwell)*; Carol Dorer *(Escuela Intermedia Slauson, Ann Arbor)*; Carrie Heaney *(Escuela Intermedia Forsythe, Ann Arbor)*; Ellen Hopkins *(Escuela Intermedia Clague, Ann Arbor)*; Teri Keusch *(Escuela Intermedia Portland, Portland)*; Valerie Mills *(Escuelas Oakland, Waterford)*; Mary Beth Schmitt *(Preparatoria Júnior del Este de Traverse City, Traverse City)*; Jack Smith *(Universidad Estatal de Michigan, East Lansing)*; Rebecca Spencer *(Escuela Intermedia Sparta, Sparta)*; Ann Marie Nicoll Turner *(Escuela Intermedia Tappan, Ann Arbor)*; Scott Turner *(Escuela Intermedia Scarlett, Ann Arbor)*

Minnesota

Margarita Alvarez *(Escuela Intermedia Olson, Minneapolis)*; Jane Amundson *(Preparatoria Júnior Nicollet, Burnsville)*; Anne Bartel *(Escuelas Públicas de Minneapolis)*; Gwen Ranzau Campbell *(Escuela Intermedia Sunrise Park, White Bear Lake)*; Stephanie Cin *(Elemental Hidden Valley, Burnsville)*; Joan Garfield *(Universidad de Minnesota, Minneapolis)*; Gretchen Hall *(Escuela Intermedia Richfield, Richfield)*; Jennifer Larson *(Escuela Intermedia Olson, Minneapolis)*; Michele Luke *(Preparatoria Júnior del Oeste, Minnetonka)*; Jeni Meyer *(Preparatoria Júnior Richfield, Richfield)*; Judy Pfingsten *(Escuela Intermedia Inver Grove Heights, Inver Grove Heights)*; Sarah Shafer *(Preparatoria Júnior del Norte, Minnetonka)*; Genni Steele *(Escuela Intermedia Central, White Bear Lake)*; Victoria Wilson *(Elemental Eisenhower, Hopkins)*; Paul Zorn *(Colegio St. Olaf, Northfield)*

Nueva York

Debra Altenau-Bartolino *(Escuela Intermedia Greenwich Village, Nueva York)*; Doug Clements *(Universidad de Buffalo)*; Francis Curcio *(Universidad de Nueva York, Nueva York)*; Christine Dorosh *(Escuela de Escritores Clinton, Brooklyn)*; Jennifer Rehn *(Escuela Intermedia del Lado Oeste, Nueva York)*; Phyllis Tam *(IS 89 Escuela Laboratorio, Nueva York)*; Marie Turini *(Escuela Intermedia Louis Armstrong, Nueva York)*; Lucy West *(Escuela Comunitaria del Distrito 2, Nueva York)*; Monica Witt *(Escuela Intermedia Simon Baruch 104, Nueva York)*

Pennsylvania

Robert Aglietti *(Pittsburgh)*; Sharon Mihalich *(Pittsburgh)*; Jennifer Plumb *(Escuela Intermedia South Hills, Pittsburgh)*; Mary Lynn Raith *(Escuelas Públicas de Pittsburgh)*

Texas

Michelle Bittick *(Distrito Escolar Independiente de Austin)*; Margaret Cregg *(Distrito Escolar Independiente de Plano)*; Sheila Cunningham *(Distrito Escolar Independiente de Klein)*; Judy Hill *(Distrito Escolar Independiente deAustin)*; Patricia Holguin *(Distrito Escolar Independiente de El Paso)*; Bonnie McNemar *(Arlington)*; Kay Neuse *(Distrito Escolar Independiente de Plano)*; Joyce Polanco *(Distrito Escolar Independiente de Austin)*; Marge Ramirez *(Universidad de Texas en El Paso)*; Pat Rossman *(Campus Baker, Austin)*; Cindy Schimek *(Houston)*; Cynthia Schneider *(Centro Charles A. Dana, Universidad de Texas en Austin)*; Uri Treisman *(Centro Charles A. Dana, Universidad de Texas en Austin)*; Jacqueline Weilmuenster *(Distrito Escolar Independiente de Grapevine-Colleyville)*; LuAnn Weynand *(San Antonio)*; Carmen Whitman *(Distrito Escolar Independiente de Austin)*; James Wohlgehagen *(Distrito Escolar Independiente de Plano)*

Washington

Ramesh Gangolli *(Universidad de Washington, Seattle)*

Wisconsin

Susan Lamon *(Universidad Marquette, Hales Corner)*; Steve Reinhart *(jubliado, Escuela Intermedia de Chippewa Falls, Eau Claire)*

Contenido

Trozos y piezas I
Comprender fracciones, decimales y porcentajes

Trozos y piezas I

Comprender fracciones, decimales y porcentajes

Bryce y Rachel recogen alimentos para el banco de comida local. La meta de Bryce es recoger 32 artículos. La meta de Rachel es recoger 24 artículos. Supón que tanto Bryce como Rachel alcanzan su meta. ¿Qué fracción de la meta de Bryce recoge Rachel?

Sarah y su tío, Takota, van a pescar a Grand River. Cada uno pesca un pez. El pez de Sarah mide $\frac{5}{8}$ de pie de largo. El pez de Takota mide $\frac{2}{3}$ de pie de largo. ¿Qué pez es más largo?

En una encuesta se preguntaba a los dueños de gatos: "¿Tiene su gato mal aliento?" De los 200 dueños de gatos encuestados, 80 contestaron sí a esta pregunta. ¿Qué porcentaje de los dueños de gatos contestaron sí?

A menudo encuentras situaciones en las que un número entero no puede comunicar la información con precisión. A veces necesitas hablar sobre partes de enteros: "¿Qué fracción de los estudiantes que van en este viaje son de octavo grado?" "El agua ocupa más del 71% de la superficie de la Tierra." También necesitas una manera de comentar cómo compartir, dividir o medir cosas: "¿Qué parte de la pizza le tocará a cada uno?" Las fracciones, los decimales y los porcentajes son maneras de expresar cantidades o medidas que no son números enteros.

La gente ha estado buscando maneras de hablar sobre fracciones y de hacer operaciones con ellas desde hace casi 4,000 años. Un documento escrito en Egipto hacia 1850 a.C. (ahora llamado Papiro de Moscú) incluye probablemente la primera prueba escrita de gente trabajando con fracciones. La palabra *fracción* viene de la palabra latina *fractio,* que significa "rotura".

En *Trozos y piezas I* desarrollarás destrezas con fracciones, decimales y porcentajes. Tus nuevas destrezas te ayudarán a entender situaciones como las de la página opuesta.

Resumen matemático

Comprender fracciones, decimales y porcentajes

En *Trozos y piezas I* explorarás las relaciones entre fracciones, decimales y porcentajes. Aprenderás que las fracciones y los decimales también son parte de un conjunto mayor de números llamados *números racionales.*

Aprenderás a

- Hacer modelos de situaciones relacionadas con fracciones, decimales y porcentajes
- Comprender y usar fracciones equivalentes para razonar sobre situaciones
- Comparar y ordenar fracciones y decimales
- Moverte con flexibilidad entre representaciones de fracciones, decimales y porcentajes
- Usar puntos de referencia como $0, \frac{1}{2}, 1, 1\frac{1}{2}$ y 2 como ayuda para estimar el tamaño de un número o suma
- Desarrollar y usar puntos de referencia que se relacionen con diferentes formas de números racionales (por ejemplo, 50% es lo mismo que $\frac{1}{2}$ ó 0.5)
- Usar el contexto, modelos físicos, dibujos, patrones o estimaciones como ayuda para razonar sobre situaciones relacionadas con números racionales

A medida que trabajas en los problemas de esta unidad, hazte preguntas sobre situaciones que tienen que ver con números racionales y relaciones:

¿Qué modelos o diagramas podrían ser útiles para comprender la situación y las relaciones entre las cantidades?

¿Quiero expresar las cantidades de la situación como fracciones, decimales o porcentajes?

¿Qué estrategias puedo usar para hallar formas equivalentes de fracciones, decimales o porcentajes?

¿Qué estrategias puedo usar para comparar u ordenar un conjunto de fracciones, decimales o porcentajes?

Fracciones de colecta

Los estudiantes de la Escuela Intermedia Thurgood Marshall están organizando tres campañas para recaudar dinero. La clase de octavo grado venderá calendarios, la clase de séptimo grado venderá palomitas de maíz, y la clase de sexto grado venderá carteles de arte, música y deportes. Los tres grados están compitiendo para ver quién alcanzará antes su meta de recaudación.

1.1 Informar sobre el progreso

La directora de la escuela tiene una tabla que parece un termómetro frente a su oficina. La tabla muestra el progreso de la colecta. Ella analiza el progreso que se muestra en el termómetro usando fracciones y números enteros. Luego, anuncia el progreso a las clases a través de los parlantes.

A. Según el termómetro de la derecha para el Día 2, ¿cuál de los siguientes enunciados podría usar la directora para describir el progreso de sexto grado?

- Los estudiantes de sexto grado han recaudado $100.

- Los estudiantes de sexto grado han alcanzado $\frac{1}{4}$ de su meta.

- Los estudiantes de sexto grado han alcanzado $\frac{2}{8}$ de su meta.

- A los estudiantes de sexto grado sólo les faltan $225 para alcanzar su meta.

- Los estudiantes de sexto grado han alcanzado el 50% de su meta.

- A este paso, los estudiantes de sexto grado alcanzarían su meta en seis días más.

B. Inventa dos enunciados más que la directora podría usar en su aviso.

C. 1. ¿Qué dos enunciados podrían decir los estudiantes de sexto grado si reunieran $15 en el tercer día?

    2. Dibuja y sombrea el termómetro para el Día 3.

ACE **La tarea empieza en la página 12.**

Las **fracciones** como las que usa la directora se pueden escribir usando dos números enteros separados por una barra. Por ejemplo, una mitad se escribe $\frac{1}{2}$ y dos octavos se escribe $\frac{2}{8}$. El número por encima de la barra es el **numerador,** y el número por debajo de la barra es el **denominador.**

A medida que trabajas en los problemas de esta unidad, piensa en lo que te dicen los numeradores y denominadores de tus fracciones sobre cada situación.

Meta
$300

Día 2

1.2 Doblar tiras de fracciones

Una manera de pensar en fracciones es hacer tiras de fracciones doblando tiras de papel en partes fraccionarias de la misma medida. En este problema doblarás tiras de fracciones que te pueden ayudar con otros problemas de la unidad. Cuando dobles tus tiras, piensa en las estrategias que usas para hacer las diferentes tiras de fracciones.

Problema 1.2 Doblar tiras de fracciones

A. 1. Usa tiras de papel de $8\frac{1}{2}$ pulgadas de largo. Dobla las tiras para mostrar mitades, tercios, cuartos, quintos, sextos, octavos, novenos, décimos y doceavos. Marca los dobleces para que puedas verlos mejor.

    2. ¿Qué estrategias usaste para doblar tus tiras?

B. 1. ¿Cómo podrías usar las mitades de tira para doblar octavos?

    2. ¿Cómo podrías usar las mitades de tira para doblar doceavos?

C. ¿Qué tiras de fracciones puedes hacer si empiezas con una tira de tercios?

D. ¿Cuáles de las tiras de fracciones que doblaste tienen al menos una marca que se alinea con las marcas de la tira de doceavos?

E. 1. Dibuja una tira de quintos y marca $\frac{1}{5}, \frac{2}{5}, \frac{3}{5}, \frac{4}{5}$ y $\frac{5}{5}$ en la tira.

    2. Muestra $\frac{1}{10}, \frac{2}{10}, \frac{3}{10}, \frac{4}{10}, \frac{5}{10}, \frac{6}{10}, \frac{7}{10}, \frac{8}{10}, \frac{9}{10}$ y $\frac{10}{10}$ en la tira de quintos que dibujaste.

F. ¿Qué te dicen el numerador y el denominador de una fracción?

ACE La tarea empieza en la página 12.

Los termómetros de la página siguiente muestran el progreso de la venta de carteles de los estudiantes de sexto grado después de 2, 4, 6, 8 y 10 días. La directora necesita saber qué fracción de la meta han alcanzado cada día los estudiantes de sexto grado.

¡Apoya al 6° Grado!
¡Compra un cartel!

Problema 1.3 Hallar partes fraccionarias

A. Usa los termómetros de la página opuesta. ¿Qué fracción de su meta alcanzaron los estudiantes de sexto grado después de cada día?

B. ¿Qué te dicen sobre cada termómetro el numerador y el denominador de cada fracción?

C. ¿Qué estrategias usaste para estimar la fracción de la meta alcanzada cada día?

D. ¿Cuánto dinero habían reunido los estudiantes de sexto grado después de cada día?

E. Al final del Día 9, los estudiantes de sexto grado habían recaudado $240.

   1. ¿Qué fracción de su meta habían alcazado?

   2. Muestra cómo sombrearías un termómetro para el Día 9 en un termómetro en blanco.

ACE **La tarea empieza en la página 12.**

Colecta de sexto grado

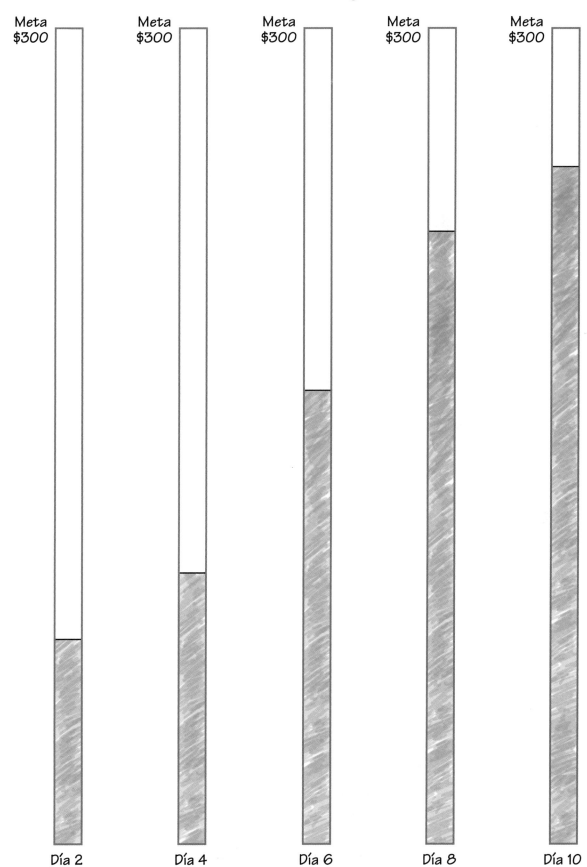

Meta $300 — Día 2
Meta $300 — Día 4
Meta $300 — Día 6
Meta $300 — Día 8
Meta $300 — Día 10

En la Escuela Intermedia Thurgood Marshall, la clase de séptimo grado es mayor que la clase de sexto grado. La clase de octavo grado es más pequeña que la clase de sexto grado. Como son de tamaños diferentes, cada clase escogió una meta diferente para su colecta.

Los maestros decidieron ayudar a los estudiantes con la colecta. Los maestros vendieron libros de lectura para el verano y establecieron una meta de $360. Cada grupo hizo un termómetro para mostrar su progreso. Los termómetros de la página siguiente muestran las metas y los resultados de cada grupo después de 10 días.

Problema 1.4 Usar fracciones para comparar

A. 1. ¿Qué fracción de su meta alcanzaron cada clase y los maestros después del Día 10 de colecta?

   2. ¿Cuánto dinero recaudó cada grupo?

   3. Escribe oraciones numéricas para mostrar cómo hallaste tu respuesta en la parte (2).

B. 1. ¿Qué podría decir el presidente de cada clase en los avisos de la mañana para apoyar el enunciado de que a su clase le fue mejor que a las otras dos?

   2. ¿Qué crees que dirían los maestros?

C. La parte sombreada del termómetro de los estudiantes de sexto grado tiene la misma longitud que la parte sombreada del termómetro de los maestros. ¿Significa esto que ambos alcanzaron la misma fracción de su meta? Explica tu respuesta.

D. Gwen se dio cuenta de que la marca de la mitad del termómetro de sexto grado coincide con el progreso de los estudiantes de octavo grado el Día 10. ¿Significa esto que los estudiantes de octavo grado alcanzaron la mitad de su meta el Día 10? Explica tu respuesta.

E. Haz (o usa) dos termómetros en blanco de la misma longitud que el termómetro de octavo grado.

   1. Marca un termómetro con la meta de sexto grado. Luego sombréalo para mostrar el progreso de sexto grado después del Día 10.

   2. Marca el otro termómetro con la meta de séptimo grado. Luego sombréalo para mostrar el progreso de séptimo grado después del Día 10.

   3. Describe tu estrategia para sombrear los termómetros.

ACE La tarea empieza en la página 12.

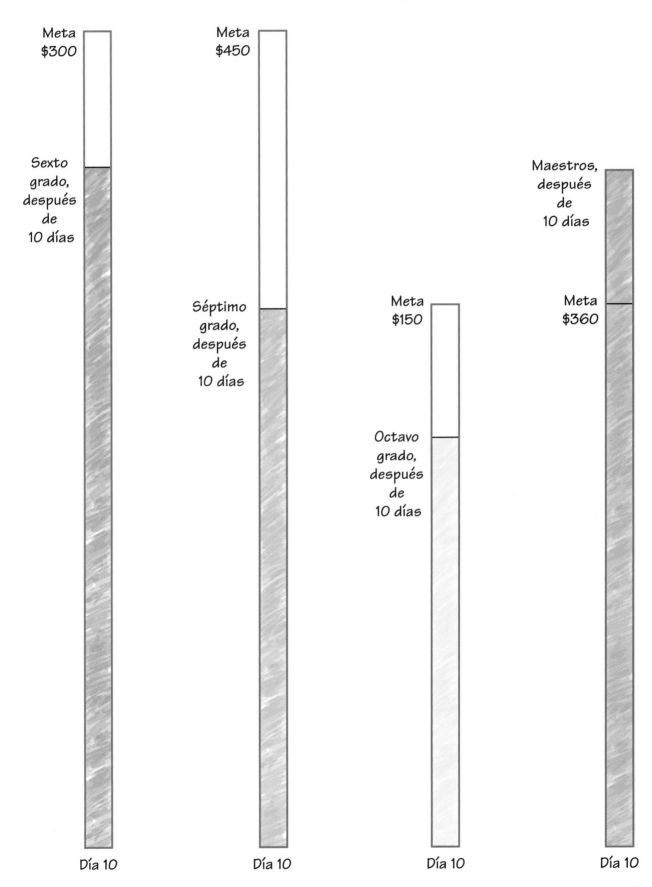

Meta
$300

Sexto
grado,
después
de
10 días

Día 10

Meta
$450

Séptimo
grado,
después
de
10 días

Día 10

Meta
$150

Octavo
grado,
después
de
10 días

Día 10

Maestros,
después
de
10 días

Meta
$360

Día 10

Aplicaciones

1. La Escuela Intermedia Vistamonte ha realizado el mismo tipo de colecta que la Escuela Intermedia Thurgood Marshall. El termómetro de sexto grado de Vistamonte para el Día 2 se muestra a la derecha.

    a. Escribe tres enunciados que la directora podría hacer cuando informara de los resultados del progreso hecho por los estudiantes de sexto grado.

    b. ¿Qué dos enunciados podrían hacer los estudiantes de sexto grado si recaudaran $50 el tercer día?

    c. Dibuja y sombrea el termómetro para el Día 3.

2. a. ¿Qué tiras de fracciones podrías hacer si empezaras por una tira de cuartos?

    b. Si tu maestro te diera una tira de octavos como la que hiciste en el Problema 1.2, ¿cuál de las tiras de fracciones que doblaste en el Problema 1.2 tendría más de una marca que coincidiera con otra marca de la tira de octavos?

Meta
$300

Día 2

En los Ejercicios 3 a 6, dobla tiras de fracciones o usa algún otro método para estimar la fracción del termómetro de colecta que está sombreada.

3.

Meta
$400

4.

Meta
$400

5.

Meta
$400

6.

Meta
$400

Para los Ejercicios 7 a 11, usa la ilustración del dispensador de bebidas. El indicador lateral del dispensador muestra cuánto líquido queda en el dispensador. En el dispensador caben 120 vasos.

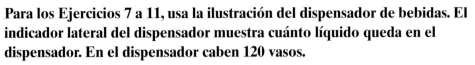

7. **a.** Aproximadamente, ¿qué fracción del dispensador está llena de líquido?

   b. Aproximadamente, ¿cuántos vasos de líquido hay en el dispensador?

   c. Aproximadamente, ¿qué fracción del dispensador está vacía?

   d. Aproximadamente, ¿cuántos vasos más de líquido se necesitarían para llenar el dispensador?

8. En las partes (a) a (c), dibuja el indicador y di si cada dispensador está *casi vacío, medio lleno* o *casi lleno*.

   a. cinco sextos $\left(\frac{5}{6}\right)$ de un dispensador lleno

   b. tres doceavos $\left(\frac{3}{12}\right)$ de un dispensador lleno

   c. cinco octavos $\left(\frac{5}{8}\right)$ de un dispensador lleno

9. **Opción múltiple** ¿Qué indicador muestra que quedan aproximadamente 37 de los 120 vasos?

   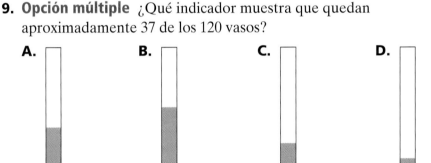

   A.   **B.**   **C.**   **D.**

10. **Opción múltiple** ¿Qué indicador muestra que quedan aproximadamente 10 de los 120 vasos?

    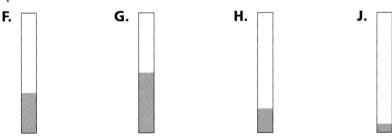

    F.   **G.**   **H.**   **J.**

11. En los Ejercicios 9 y 10, ¿aproximadamente qué fracción de los indicadores que escogiste está sombreada?

12. Supón que estuvieras tratando de medir el progreso de una colecta en un termómetro con tu tira de quintos, pero el progreso estuviera entre $\frac{3}{5}$ y $\frac{4}{5}$. ¿Qué podrías hacer para hallar una respuesta más exacta?

Para los Ejercicios 13 a 15, usa la información de abajo.

También puedes usar tiras de fracciones para rotular los puntos de una recta numérica. El punto en esta recta numérica está en $\frac{1}{2}$.

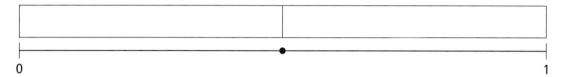

Copia cada recta numérica. Usa tiras de fracciones o algún otro método para rotular el punto con una fracción.

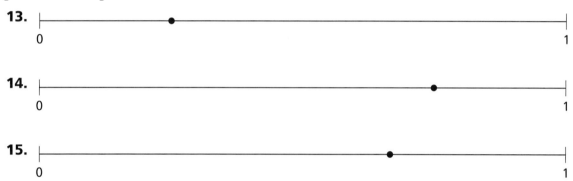

13.

0   1

14.

0   1

15.

0   1

16. Samuel está comprando la merienda para él y para su hermanito Adam. Samuel toma la mitad de una barra de merienda para él y le da la mitad de otra barra a Adam. Adam se queja de que a Samuel le tocó más. Samuel dice que él tiene una mitad y Adam tiene otra mitad. ¿Cuál puede ser el problema?

17. En el Problema 1.4, el termómetro de octavo grado es más pequeño que los termómetros de sexto y de séptimo grado. Vuelve a dibujar el termómetro de octavo grado para que sea del mismo tamaño que los termómetros de sexto y séptimo grado, pero que siga mostrando la fracción correcta para el Día 10.

Para: Ayuda con el Ejercicio 17, disponible en inglés
Código Web: ame-2117

18. Si una clase recauda $155 de una meta de colecta de $775, ¿qué fracción representa el progreso de la clase hacia esa meta?

19. Bryce y Rachel recogen alimentos para el banco de comida local. La meta de Bryce es recoger 32 artículos. La meta de Rachel es recoger 24 artículos. Supón que tanto Bryce como Rachel alcanzan su meta. ¿Qué fracción de la meta de Bryce recoge Rachel?

Conexiones

20. ¿Es 450 divisible por 5, 9 y 10? Explica tu respuesta.

21. Explica tu respuesta a cada pregunta.

    a. ¿Es 12 un divisor de 48?

    b. ¿Es 4 un divisor de 150?

    c. ¿Es 3 un divisor de 51?

22. Opción múltiple Escoge un número que no sea factor de 300.

    A. 5   **B.** 6   **C.** 8   **D.** 20

23. Opción múltiple Escoge la respuesta que muestra todos los factores de 48.

    F. 2, 4, 8, 24 y 48   **G.** 1, 2, 3, 4, 5 y 6

    H. 48, 96, 144   **J.** 1, 2, 3, 4, 6, 8, 12, 16, 24 y 48

24. a. Miguel dice que los números divisibles por 2 se pueden separar en mitades fácilmente. ¿Estás de acuerdo? ¿Por qué?

    b. Manny dice que si Miguel tiene razón, entonces los números que son divisibles por 3 se pueden separar en tercios fácilmente. ¿Estás de acuerdo? ¿Por qué?

    c. Lupe dice que si cualquier número es divisible por n, se puede separar en n partes fácilmente. ¿Estás de acuerdo con ella? Explica tu respuesta.

25. a. Si tuvieras una tira de fracciones doblada en doceavos, ¿qué longitudes fraccionarias podrías medir con la tira?

    b. ¿Cómo se relaciona tu respuesta a la parte (a) con los factores de 12?

26. a. Si tuvieras una tira de fracciones doblada en décimos, ¿qué longitudes fraccionarias podrías medir con la tira?

    b. ¿Cómo se relaciona tu respuesta a la parte (a) con los factores de 10?

27. Ricky encontró un escarabajo cuyo cuerpo mide un cuarto $\left(\frac{1}{4}\right)$ de la longitud de las tiras de fracciones usadas en el Problema 1.2.

    a. ¿Cuántos escarabajos, puestos uno a continuación del otro, tendrían una longitud igual a la longitud de una tira de fracciones?

    b. ¿Cuántos escarabajos, puestos uno a continuación del otro, tendrían una longitud igual a la longitud de tres tiras de fracciones?

    c. Ricky dibujó 13 escarabajos, uno a continuación del otro, todos de la misma longitud que el que encontró. ¿Cuántas tiras de fracciones de largo tiene la fila de escarabajos de Ricky?

Para los Ejercicios 28 a 30, usa la gráfica de barras de abajo, que muestra el número de latas de jugo que bebieron tres clases de sexto grado.

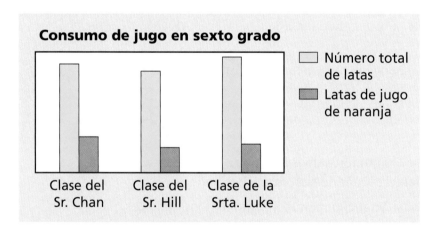

28. En cada clase, ¿qué fracción de las latas eran de jugo de naranja?

29. ¿En qué clase dirías que el jugo de naranja era más popular?

30. a. Los estudiantes de la clase del Sr. Chan bebieron un total de diez latas de jugo de naranja. ¿Aproximadamente cuántas latas de jugo de naranja bebieron cada una de las otras dos clases?

    b. ¿Aproximadamente cuántas latas de jugo en total bebió cada una de las clases?

Extensiones

31. Darío hizo tres pizzas, que dividió en cuartos. Después de pensar con cuántas personas las iba a compartir, se dijo: "A cada persona le debe tocar media".

    a. ¿Es posible que hubiera sólo otra persona con quién compartirlas? Explica tu respuesta.

    b. ¿Es posible que hubiera 5 personas más con quién compartirlas? Explica tu respuesta.

    c. ¿Es posible que hubiera 11 personas más con quién compartirlas?

Para los Ejercicios 32 a 35, copia la recta numérica. Usa tiras de fracciones o algún otro método para rotular el punto con una fracción.

32.

33.

34.

35.

36. Escribe un numerador para cada fracción para hacer que la fracción se acerque, pero no sea igual a $\frac{1}{2}$. Luego escribe un numerador para hacer que cada fracción se acerque, pero sea mayor que 1.

    a. $\dfrac{\blacksquare}{22}$ **b.** $\dfrac{\blacksquare}{43}$ **c.** $\dfrac{\blacksquare}{17}$

37. Escribe un denominador para hacer que cada fracción se acerque, pero no sea igual a $\frac{1}{2}$. Luego escribe un denominador para hacer que cada fracción se acerque, pero sea mayor que 1.

    a. $\dfrac{22}{\blacksquare}$ **b.** $\dfrac{43}{\blacksquare}$ **c.** $\dfrac{17}{\blacksquare}$

Reflexiones matemáticas 1

En esta investigación hiciste tiras de fracciones que te ayudaron a identificar partes fraccionarias de un todo. Estas preguntas te ayudarán a resumir lo que has aprendido.

Piensa en las respuestas a estas preguntas. Comenta tus ideas con otros estudiantes y con tu maestro(a). Luego escribe un resumen de tus hallazgos en tu cuaderno.

1. Dos clases diferentes alcanzaron $\frac{3}{5}$ de su meta de colecta. ¿Recaudaron ambas clases la misma cantidad de dinero? Explica tu respuesta.

2. ¿Qué te dicen el numerador y el denominador de una fracción?

3. Si una clase sobrepasa su meta, ¿qué puedes decir de la fracción de la meta que han alcanzado?

Investigación 2

Compartir y comparar con fracciones

En Investigación 1, usaste tiras de fracciones como ayuda para determinar qué fracción de una meta de colecta habían alcanzado los estudiantes. Interpretaste fracciones como partes de un todo. En esta investigación explorarás situaciones en las que se usan fracciones para comparar.

2.1 Fracciones equivalentes y partes iguales

Sid y Susan van de excursión por el Sendero Appalachian en Virginia con un grupo de amigos. Llevan meriendas empaquetadas que son fáciles de cargar y comer. Su favorita es la regaliz trenzada, un caramelo en forma de cuerda que parece un cordón largo y redondo. Sid lleva regaliz trenzada para compartirla en la excursión.

La regaliz trenzada tiene 48 pulgadas de largo y es difícil de partir en pedazos. Sid puede marcar la regaliz trenzada haciendo cortes incompletos. Así será fácil de partir y compartirla después.

A. Hay cuatro personas que van de excursión. ¿Cómo debería Sid marcar la regaliz trenzada para que a cada persona le toque un pedazo igual? Haz un dibujo (de al menos 4 pulgadas de longitud) y rotula la parte de regaliz trenzada de un excursionista.

B. ¡Dos amigos más se unen a la excursión! Cada uno quiere una parte igual de regaliz trenzada. Sid tiene que añadir dos marcas más a la regaliz. Pero no puede quitar las marcas que ya ha hecho. Sid hace nuevas marcas para que, junto con las marcas que hizo antes, formen partes del mismo tamaño.

   1. Haz un dibujo para mostrar cómo podría Sid añadir más marcas a la regaliz para que pudiera partirse en pedazos del mismo tamaño y se pudiera repartir entre 6 personas. Rotula uno de los pedazos.

   2. ¿Qué fracción de la regaliz le tocaría a cada uno de los seis excursionistas?

C. Bueno, ¡seguro que adivinas lo que pasa a continuación! Dos más se unen a la excursión. El pobre Sid tiene que volver a marcar la regaliz que hizo para seis personas con marcas adicionales. Las nuevas marcas, junto a las que hizo antes, deben formar pedazos del mismo tamaño que se puedan partir y compartir en partes iguales entre los ocho amigos. ¿Cómo debería volver a marcar la regaliz?

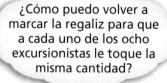

¿Cómo puedo volver a marcar la regaliz para que a cada uno de los ocho excursionistas le toque la misma cantidad?

   1. Haz un dibujo y rotula la parte de regaliz de un excursionista.

   2. ¿Cuántas pulgadas de regaliz le tocaría a cada uno de los ocho excursionistas?

D. Usa tus dibujos para la pregunta C. ¿Hay marcas que pudieran rotularse con más de una fracción? Si es así, da ejemplos.

E. Carlotta compró 48 pulgadas de regaliz de arándanos. Cortó una parte para su amiga Brianna.

Regaliz de arándanos

Parte de Brianna

1. ¿Qué fracción de la regaliz de arándanos le dio a Brianna?

2. ¿Cuántas pulgadas de regaliz de arándanos le tocó a Brianna?

ACE La tarea empieza en la página 28.

2.2 Hallar fracciones equivalentes

Cuando comparas tus tiras de fracciones unas con otras, encuentras que las marcas son iguales aunque el número total de las partes de cada tira de fracciones sea diferente. Los lugares donde las marcas son iguales muestran **fracciones equivalentes.** Las fracciones equivalentes representan la misma cantidad aunque los nombres sean distintos.

Preparación para el problema 2.2

- Abajo hay una tira de fracciones que muestra una marca para $\frac{1}{2}$. ¿Cuáles son otras cinco fracciones equivalentes a $\frac{1}{2}$?

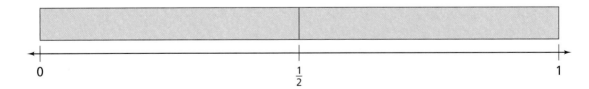

Problema 2.2 Hallar fracciones equivalentes

A. **1.** En una recta numérica como la de abajo, rotula cuidadosamente las marcas que muestran dónde se ubican $\frac{1}{3}$ y $\frac{2}{3}$.

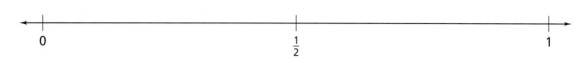

2. Usa la misma recta numérica. Marca el punto que está a medio camino entre 0 y $\frac{1}{3}$ y el punto a medio camino entre $\frac{2}{3}$ y 1.

3. Rotula las nuevas marcas con los nombres de fracción apropiados.

4. ¿De qué otras maneras puedes rotular $\frac{1}{3}$, $\frac{1}{2}$ y $\frac{2}{3}$? Explica tu respuesta.

5. Usa la misma recta numérica. Marca el punto medio entre cada una de las marcas que ya están hechas.

6. Rotula las nuevas marcas de tu recta numérica. Añade nombres adicionales a las marcas que ya estaban hechas.

7. Escribe tres oraciones numéricas que muestren las fracciones equivalentes de tu recta numérica. $\left(\text{Aquí tienes un ejemplo: } \frac{1}{2} = \frac{3}{6}.\right)$

8. Escribe dos oraciones numéricas para mostrar fracciones que sean equivalentes a $\frac{9}{12}$.

B. **1.** En tu recta numérica, la distancia de la marca entre $\frac{1}{2}$ y 1 es $\frac{1}{2}$ de una unidad. La distancia entre la marca del 0 y la marca de $\frac{1}{3}$ en tu recta numérica es $\frac{1}{3}$ de una unidad. Menciona otras dos fracciones que estén a $\frac{1}{3}$ de distancia en tu recta numérica.

2. ¿Qué distancia hay entre las marcas de $\frac{1}{3}$ y $\frac{1}{2}$ en tu recta numérica? ¿Cómo lo sabes?

3. Menciona al menos otros dos pares de fracciones que estén a la misma distancia que $\frac{1}{3}$ y $\frac{1}{2}$.

4. Describe la distancia entre $\frac{2}{3}$ y $\frac{5}{6}$ de dos maneras.

C. **1.** Aquí tienes otra recta numérica con una marca para $\frac{7}{10}$ y para $\frac{3}{5}$. ¿Qué distancia hay entre estas dos marcas? En una copia de la recta numérica, muestra cómo lo sabes.

2. Supón que una recta numérica está marcada con décimos. ¿Qué marcas se pueden rotular también con quintos?

D. 1. Halla tres fracciones que sean equivalentes a $\frac{2}{7}$.

2. Halla cada fracción con denominador de número entero menor que 50 que sea equivalente a $\frac{10}{15}$.

3. Describe una estrategia para hallar fracciones equivalentes.

4. ¿Cómo te ayuda cambiar el nombre de las fracciones para hallar las distancias entre las fracciones?

ACE La tarea empieza en la página 28.

La tarea empieza en la página 28.

¿Lo sabías?

Go Online
PHSchool.com

Para: Información sobre jeroglíficos, disponible en inglés
Código Web: ame-9031

Las inscripciones jeroglíficas muestran que, con excepción de $\frac{2}{3}$, los matemáticos egipcios sólo usaban fracciones con 1 en el numerador. Estas fracciones, como $\frac{1}{2}$ y $\frac{1}{16}$, se conocen como *fracciones unitarias*. Otras fracciones se expresaban como sumas de fracciones unitarias. Por ejemplo, la fracción $\frac{5}{12}$ se expresaba como $\frac{1}{4} + \frac{1}{6}$ (como se muestra en el segundo y tercer dibujo de los jeroglíficos de abajo). Comprueba con tiras de fracciones para ver si $\frac{1}{4} + \frac{1}{6} = \frac{5}{12}$.

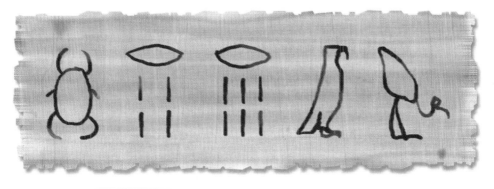

2.3 Comparar fracciones con puntos de referencia

Cuando resuelves problemas relacionados con fracciones, te puede resultar útil estimar el tamaño de las fracciones rápidamente. Una manera es comparar cada fracción a $0, \frac{1}{2}$ y 1. Estos valores sirven como **puntos de referencia**. Primero, puedes decidir si una fracción está entre 0 y $\frac{1}{2}$, entre $\frac{1}{2}$ y 1, o si es mayor que 1. Luego decide si la fracción está más cerca de 0, de $\frac{1}{2}$ o de 1.

Problema 2.3 Comparar fracciones con puntos de referencia

A. Decide si cada fracción de abajo está en el intervalo entre 0 y $\frac{1}{2}$, en el intervalo entre $\frac{1}{2}$ y 1 o entre 1 y $1\frac{1}{2}$. Anota tu información en una tabla que muestre qué fracciones están en cada intervalo.

$$\frac{1}{5} \qquad \frac{4}{5} \qquad \frac{1}{3} \qquad \frac{2}{3} \qquad \frac{1}{10} \qquad \frac{6}{10} \qquad \frac{7}{10} \qquad \frac{8}{10} \qquad \frac{3}{8}$$

$$\frac{17}{12} \qquad \frac{7}{8} \qquad \frac{9}{8} \qquad \frac{7}{9} \qquad \frac{3}{4} \qquad \frac{3}{12} \qquad \frac{5}{6} \qquad \frac{3}{7} \qquad \frac{4}{7}$$

B. Decide si cada fracción de arriba se acerca más a 0, $\frac{1}{2}$, 1 ó $1\frac{1}{2}$. Anota tu información en una tabla que también incluya las categorías "Punto medio entre 0 y $\frac{1}{2}$" y "Punto medio entre $\frac{1}{2}$ y 1."

C. Compara cada par de fracciones usando puntos de referencia y otras estrategias. Luego copia las fracciones y agrega los símbolos *menor que* (<), *mayor que* (>), o *igual a* (=). Describe tus estrategias.

1. $\frac{5}{8}$ ▪ $\frac{6}{8}$ **2.** $\frac{5}{6}$ ▪ $\frac{5}{8}$ **3.** $\frac{2}{3}$ ▪ $\frac{3}{9}$

4. $\frac{13}{12}$ ▪ $\frac{6}{5}$ **5.** $\frac{6}{12}$ ▪ $\frac{5}{9}$ **6.** $\frac{3}{4}$ ▪ $\frac{12}{16}$

D. Usa puntos de referencia y otras estrategias para ayudarte a escribir cada conjunto de fracciones en orden de menor a mayor.

1. $\frac{2}{3}, \frac{7}{9}, \frac{3}{7}$ **2.** $\frac{4}{5}, \frac{4}{12}, \frac{7}{10}, \frac{5}{6}$

 ACE La tarea empieza en la página 28.

2.4 Fracciones entre fracciones

Las fracciones parecen comportarse de forma diferente que los números enteros. Por ejemplo, no hay un número entero entre 1 y 2. Ya sabes que entre $\frac{1}{4}$ y $\frac{1}{2}$ hay otras fracciones, por ejemplo, $\frac{1}{3}$.

A medida que hagas el Problema 2.4, piensa en esta pregunta: *¿Puedes siempre encontrar otra fracción entre otras dos fracciones?*

A. Halla una fracción entre cada par de fracciones.

1. $\frac{3}{10}$ y $\frac{7}{10}$ **2.** $\frac{1}{5}$ y $\frac{2}{5}$

3. $\frac{1}{8}$ y $\frac{1}{4}$ **4.** $\frac{1}{10}$ y $\frac{1}{9}$

B. Halla dos fracciones entre cada par de fracciones.

1. $\frac{4}{7}$ y $\frac{5}{7}$ **2.** $\frac{5}{11}$ y $\frac{6}{11}$

C. Describe las estrategias que usaste para contestar las preguntas A y B.

ACE **La tarea empieza en la página 28.**

2.5 Nombrar fracciones mayores que 1

Los números enteros de una recta numérica siguen uno a otro de una forma simple y regular. Entre cada par de números enteros hay muchos otros puntos que se pueden rotular como fracciones.

Un número como $2\frac{1}{2}$ se llama **número mixto** porque tiene una parte con un número entero y una parte con una fracción.

Preparación para el problema 2.5

- ¿Cómo rotularías las marcas a medio camino entre los números enteros de esta recta numérica?

- Betty dice que la marca entre 2 y 3 debería rotularse $\frac{1}{2}$. ¿Estás de acuerdo? ¿Por qué?

- Si hicieras una marca a medio camino entre 2 y $2\frac{1}{2}$, ¿cómo la rotularías?

Alyssa preguntó si un número mixto se puede escribir como fracción sin parte de número entero. Por ejemplo,

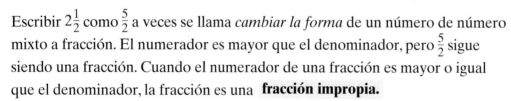

Alyssa: ¿Puedes escribir $2\frac{1}{2}$ como fracción?

Sammy: Sí, buena pregunta.

Alyssa: Veamos. ¿Cuántas mitades representa el número 2?

Sammy: Como hay dos mitades para cada uno de los dos enteros, 2 representa cuatro mitades.

Alyssa: Saber esto, ¿nos ayuda a escribir $2\frac{1}{2}$ como fracción?

Sammy: Sí, ahora que sabemos que $2\frac{1}{2}$ representa cinco mitades (4 + 1), podemos escribir $2\frac{1}{2}$ como $\frac{5}{2}$.

Escribir $2\frac{1}{2}$ como $\frac{5}{2}$ a veces se llama *cambiar la forma* de un número de número mixto a fracción. El numerador es mayor que el denominador, pero $\frac{5}{2}$ sigue siendo una fracción. Cuando el numerador de una fracción es mayor o igual que el denominador, la fracción es una **fracción impropia.**

¡No hay nada impropio sobre estas fracciones! Es sólo el nombre que se usa para distinguir entre fracciones menores que 1 y aquéllas mayores que 1.

Problema 2.5 Nombrar fracciones mayores que 1

Cada grupo de actividad estudiantil de la Escuela Johnson quedó de acuerdo en recoger basura a lo largo de 10 millas de una autopista.

Para cada problema, usa una recta numérica para mostrar lo que describe el problema y cómo lo resolviste. Muestra tus respuestas como número mixto y como fracción impropia.

A. Kate y Julianna forman parte de la banda. Trabajan juntas para limpiar una sección de la autopista que tiene $\frac{9}{4}$ millas de largo. Escribe esta longitud como número mixto.

B. El Club de matemáticas dividió su sección de 10 millas en segmentos de 2 millas que se asignaron a los miembros del grupo. La sección de Adrían y Elli empieza en el punto de 2 millas.

1. Si empiezan en el punto de 2 millas y limpian $\frac{5}{3}$ millas, ¿hasta dónde habrán llegado desde el punto de inicio de la sección del Club de matemáticas? Explica tu respuesta.

2. ¿Cuántas millas más de su segmento de 2 millas les queda por limpiar?

C. El segmento de autopista del Club de teatro está lleno de colinas llenas de basura. Trabajando duro, los miembros del club pueden limpiar $1\frac{2}{3}$ millas al día.

1. ¿Hasta dónde habrán llegado al final de su segundo día?

2. A este ritmo, ¿cuántos días les tomará limpiar su sección de 10 millas?

3. Jacqueline dice que en cuatro días pueden limpiar $\frac{19}{3}$ millas. Thomas dice que pueden limpiar $6\frac{2}{3}$ millas en cuatro días. ¿Quién tiene razón? ¿Por qué?

D. Las 10 millas asignadas al Club de ajedrez empiezan en el punto de las 10 millas y llegan hasta el punto de las 20 millas. Cuando los miembros del Club de ajedrez hayan limpiado $\frac{5}{8}$ de su sección de 10 millas, ¿entre qué millas estarán?

E. El Club de jardinería tiene una sección de la autopista entre los puntos de 20 y 30 millas. Los miembros del club se han puesto como objetivo para el primer día alcanzar el punto de la milla 24. ¿Qué fracción de la distancia total del Club de jardinería planean cubrir el primer día?

ACE La tarea empieza en la página 28.

¿Lo sabías?

Los números enteros, los números mixtos y las fracciones pertenecen al conjunto de **números racionales.** Si puedes escribir un número en forma de fracción usando un número entero para cada numerador y denominador $\left(\text{como en } \frac{3}{4}, \frac{5}{1} \text{ ó } \frac{7}{2}\right)$, es un número racional.

La palabra *racional* viene del latín *ratio*, que significa "relación". Aprenderás más sobre razones y verás otros ejemplos de números racionales más tarde, en esta unidad.

Aplicaciones

1. Cheryl, Rita y cuatro de sus amigos van al cine y comparten a partes iguales una bolsa de palomitas de 48 onzas y tres regalices trenzadas de 48 pulgadas de largo. Halla la fracción de palomitas que le toca a cada uno y la fracción de regaliz que le toca a cada uno.

2. Los Lappan compran tres sándwiches grandes para servir en un picnic. Habrá nueve personas en el picnic. Muestra tres maneras diferentes de cortar los sándwiches de modo que a cada persona le toque la misma cantidad.

3. Tres vecinos comparten una zona rectangular de tierra para un jardín. Dividen la tierra en 24 partes iguales. ¿Qué fracción de la tierra le toca a cada persona si la comparten en partes iguales? Escribe la respuesta de más de una manera.

En los Ejercicios 4 a 7, decide si el enunciado es _correcto_ o _incorrecto_. Explica tu razonamiento en palabras o haciendo dibujos.

4. $\dfrac{1}{3} = \dfrac{4}{12}$

5. $\dfrac{4}{6} = \dfrac{2}{3}$

6. $\dfrac{2}{5} = \dfrac{1}{3}$

7. $\dfrac{2}{5} = \dfrac{5}{10}$

En los Ejercicios 8 y 9, dibuja tiras de fracciones para mostrar que las dos fracciones son equivalentes.

8. $\dfrac{2}{5}$ y $\dfrac{6}{15}$

9. $\dfrac{1}{9}$ y $\dfrac{2}{18}$

Homework Help Online
PHSchool.com
Para: Ayuda con el Ejercicio 8, disponible en inglés
Código Web: ame-2208

10. Escribe una explicación a un amigo diciéndole cómo hallar una fracción que sea equivalente a $\dfrac{3}{5}$. Puedes usar palabras y dibujos para ayudarte a explicar.

11. Cuando salvas o descargas un archivo, cargas un programa o abres una página de Internet, la pantalla de la computadora muestra una barra para que puedas ver el progreso. Usa las tiras de fracciones que se muestran para hallar tres fracciones que describan la barra del trabajo en progreso.

Descargando archivo …

Compara cada par de fracciones de los Ejercicios 12 a 23 usando puntos de referencia y otras estrategias. Luego copia las fracciones y agrega los símbolos *menos que* (<), *más que* (>) o *igual a* (=).

12. $\frac{8}{10}$ ▦ $\frac{3}{8}$ **13.** $\frac{2}{3}$ ▦ $\frac{4}{9}$ **14.** $\frac{3}{5}$ ▦ $\frac{5}{12}$ **15.** $\frac{1}{3}$ ▦ $\frac{2}{3}$

16. $\frac{3}{4}$ ▦ $\frac{3}{5}$ **17.** $\frac{3}{2}$ ▦ $\frac{7}{6}$ **18.** $\frac{8}{12}$ ▦ $\frac{6}{9}$ **19.** $\frac{9}{10}$ ▦ $\frac{10}{11}$

20. $\frac{3}{12}$ ▦ $\frac{7}{12}$ **21.** $\frac{5}{6}$ ▦ $\frac{5}{8}$ **22.** $\frac{3}{7}$ ▦ $\frac{6}{14}$ **23.** $\frac{4}{5}$ ▦ $\frac{7}{8}$

Para: Práctica de destrezas de opción múltiple, disponible en inglés
Código Web: ama-2254

24. Halla una fracción entre cada par de fracciones.

a. $\frac{1}{8}$ y $\frac{1}{4}$ **b.** $\frac{1}{6}$ y $\frac{1}{12}$ **c.** $\frac{1}{6}$ y $\frac{2}{6}$ **d.** $\frac{1}{4}$ y $\frac{2}{5}$

¿Entre qué dos puntos de referencia ($0, \frac{1}{2}, 1, 1\frac{1}{2}$ y 2) cae cada fracción de los Ejercicios 25 a 33? Di cuál es el punto de referencia más cercano.

25. $\frac{3}{5}$ **26.** $1\frac{2}{6}$ **27.** $\frac{12}{10}$

28. $\frac{2}{18}$ **29.** $1\frac{8}{10}$ **30.** $1\frac{1}{10}$

31. $\frac{12}{24}$ **32.** $\frac{9}{6}$ **33.** $1\frac{12}{15}$

34. Describe, por escrito o con dibujos, la comparación entre $\frac{7}{3}$ y $2\frac{1}{3}$.

35. Opción múltiple ¿Qué fracción es mayor?

A. $\frac{7}{6}$ **B.** $\frac{9}{8}$ **C.** $\frac{13}{12}$ **D.** $\frac{14}{15}$

36. Opción múltiple En una recta numérica de 0 a 10, ¿dónde se ubica $\frac{13}{3}$?

    F. entre 0 y 1   **G.** entre 4 y 5

    H. entre 5 y 6   **J.** entre 6 y 7

37. Copia la recta numérica de abajo. Ubica y rotula marcas representando $\frac{9}{10}, \frac{11}{10}, 2\frac{3}{10}$ y $2\frac{5}{10}$. Para cada punto que marques, da otras dos fracciones que sean equivalentes a las que se dan.

38. Copia la recta numérica de abajo. Ubica y rotula marcas representando $2\frac{1}{4}, 1\frac{9}{10}$ y $\frac{15}{4}$.

39. Copia la recta numérica de abajo. Ubica y rotula una fracción representada por cada punto que se describe.

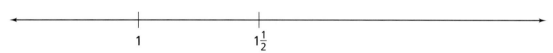

    a. un punto cercano pero mayor que 1

    b. un punto cercano pero menor que $1\frac{1}{2}$

    c. un punto cercano pero mayor que $1\frac{1}{2}$

    d. un punto cercano pero menor que 2

40. Copia la recta numérica de abajo. Ubica y rotula marcas representando 16, $15\frac{1}{2}, 19\frac{1}{2}$ y $20\frac{1}{4}$.

41. Copia y completa la tabla.

Fracción	$\frac{5}{3}$	■	■	$\frac{19}{6}$	$\frac{37}{4}$	■
Número mixto	■	$2\frac{4}{5}$	$9\frac{3}{7}$	■	■	$6\frac{2}{3}$

42. Kelly y Sean trabajan juntos para limpiar una sección de la autopista que tiene $\frac{10}{3}$ millas de largo. Escribe esta distancia como número mixto.

43. El Club de ajedrez está limpiando una sección muy sucia de la autopista. Cada día los miembros limpian $1\frac{3}{4}$ millas de la autopista. Tras cuatro días de duro trabajo, Lakeisha dice que han limpiado $\frac{28}{4}$ millas de la autopista. Glenda dice que han limpiado 7 millas de carretera. ¿Quién tiene razón? ¿Por qué?

44. Cambia cada número mixto a fracción impropia.

a. $1\frac{2}{3}$ **b.** $6\frac{3}{4}$ **c.** $9\frac{7}{9}$ **d.** $4\frac{2}{7}$

45. Cambia cada fracción impropia a número mixto.

a. $\frac{22}{4}$ **b.** $\frac{10}{6}$ **c.** $\frac{17}{5}$ **d.** $\frac{36}{8}$

Conexiones

Para los Ejercicios 46 a 47, escribe una fracción para describir cuánto lápiz queda, comparado con el lápiz nuevo. Mide del borde izquierdo del borrador a la punta del lápiz.

46.

47.

48. Estas barras representan viajes que la Sra. Axler hizo en su trabajo esta semana.

300 km

180 km

200 km

a. Copia cada barra y sombrea la distancia que la Sra. Axler viajó después de un tercio de la distancia total de cada viaje.

b. ¿Cuántos kilómetros había viajado la Sra. Axler cuando estaba en el punto de un tercio de cada viaje? Explica tu razonamiento.

49. Opción múltiple Halla el mínimo común múltiple de los números: 3, 4, 5, 6, 10 y 15.

A. 1   **B.** 15   **C.** 60   **D.** 54,000

50. Usa lo que hallaste en el Ejercicio 49. Escribe las fracciones en forma equivalente, todas con el mismo denominador.

$\frac{1}{3}$ $\frac{1}{4}$ $\frac{1}{5}$ $\frac{1}{6}$ $\frac{1}{10}$ $\frac{1}{15}$

Halla el máximo común divisor de cada par de números.

51. 12 y 48   **52.** 6 y 9

53. 24 y 72   **54.** 18 y 45

Usa tus respuestas a los Ejercicios 51 a 54 para escribir una fracción equivalente a cada fracción que se da.

55. $\frac{12}{48}$ **56.** $\frac{6}{9}$ **57.** $\frac{24}{72}$ **58.** $\frac{18}{45}$

Extensiones

En los Ejercicios 59 a 64, copia cada recta numérica. Estima y marca dónde estaría el número 1.

59.

0               $\frac{2}{5}$

60.

0                                      $\frac{9}{10}$

61.

$$\begin{array}{c|c|c}
\hline
0 & \frac{1}{3}
\end{array}$$

62.

$$\begin{array}{c|c}
\hline
0 & \frac{5}{2}
\end{array}$$

63.

$$\begin{array}{c|c}
\hline
0 & \frac{3}{4}
\end{array}$$

64.

$$\begin{array}{c|c}
\hline
0 & \frac{6}{4}
\end{array}$$

En los Ejercicios 65 a 67, halla cada fracción con un denominador menor que 50 que sea equivalente a la fracción que se da.

65. $\frac{3}{15}$

66. $\frac{8}{3}$

67. $1\frac{4}{6}$

68. Usa la información en *¿Lo sabías?* después del Problema 2.2 para averiguar cómo llamar las sumas de abajo con una sola fracción. (Tus tiras podrían serte útiles.) Explica tu razonamiento.

a. $\frac{1}{2} + \frac{1}{4} = \blacksquare$

b. $\frac{1}{12} + \frac{1}{6} = \blacksquare$

c. $\frac{1}{4} + \frac{1}{6} + \frac{1}{12} = \blacksquare$

69. Una *fracción unitaria* es una fracción con un 1 en el numerador. Halla un conjunto de fracciones unitarias cuya suma sea igual a lo siguiente. Trata de hallar más de una respuesta para cada uno.

a. $\frac{7}{8}$

b. $\frac{7}{12}$

70. Halla cinco fracciones entre $\frac{8}{10}$ y $\frac{5}{4}$.

71. ¿Cuál de $\frac{4}{5}$, $\frac{17}{23}$ y $\frac{51}{68}$ representa la mayor parte de un todo? Explica tu razonamiento.

72. Copia la recta numérica de abajo. Ubica y rotula las marcas representando $0, \frac{3}{4}, \frac{1}{8}$ y $2\frac{2}{3}$.

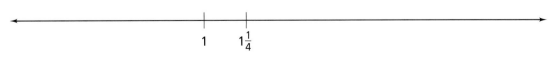

Reflexiones matemáticas 2

En esta investigación exploraste fracciones equivalentes, comparaste fracciones con puntos de referencia y pensaste en fracciones mayores que 1. Estas preguntas te ayudarán a resumir lo que has aprendido.

Piensa en las respuestas a estas preguntas. Comenta tus ideas con otros estudiantes y con tu maestro(a). Luego escribe un resumen de tus hallazgos en tu cuaderno.

1. Describe tu estrategia para hallar una fracción equivalente a una fracción dada.

2. Describe estrategias que hallaste para decidir si una fracción está entre 0 y $\frac{1}{2}$ o entre $\frac{1}{2}$ y 1.

3. Explica cómo puedes decidir cuál de dos fracciones es mayor.

4. Describe cómo escribir un número mixto como fracción.

5. Describe cómo escribir una fracción mayor que 1 como número mixto.

Investigación 3

Moverse entre fracciones y decimales

Ves decimales cada día, en muchos sitios diferentes. ¿Puedes decir dónde se encontró cada uno de los decimales de abajo?

 Hacer partes más pequeñas

Los **decimales** nos dan una manera de escribir fracciones especiales que tienen denominadores de 10 ó 100 ó 1,000 ó 10,000 o incluso 100,000,000,000. En Investigación 1, doblaste tiras de fracciones. Una de las tiras que hiciste era una tira de décimos, que se muestra en la página siguiente.

Supón que necesitas más marcas para mostrar una fracción. Mira la tira de décimos.

- ¿Cómo podrías doblar una tira de décimos para obtener una tira de centésimos?
- ¿Cómo rotularías esta nueva tira de fracciones?

Una *cuadrícula de décimos* también se divide en diez partes iguales. Se parece a la tira de fracciones de décimos, pero es cuadrada. Abajo tienes una cuadrícula de décimos que muestra la fracción y su equivalente decimal representado por cada sección de la cuadrícula.

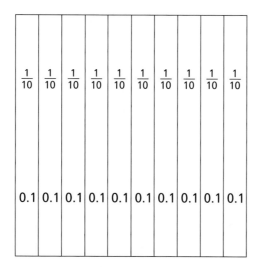

Aquí hay algunos ejemplos de fracciones representadas en cuadrículas de décimos. El nombre de la fracción y el nombre del decimal para la parte sombreada se dan debajo de cada dibujo.

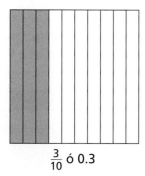

$\frac{3}{10}$ ó 0.3

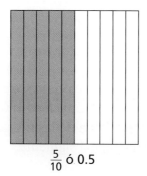

$\frac{5}{10}$ ó 0.5

$\frac{10}{10}$ ó 1.0

Puedes dividir aún más una cuadrícula de décimos trazando líneas horizontales para formar hileras de diez. Esto hace 100 partes. A esto se le llama *cuadrícula de centésimos*.

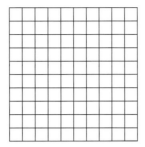

Las fracciones también se pueden representar en una cuadrícula de centésimos. Puedes escribir partes fraccionarias de 100 como números decimales, como en los siguientes ejemplos:

Fracción	Decimal	Representación en una cuadrícula de centésimos
$\frac{7}{100}$	0.07	
$\frac{27}{100}$	0.27	
$\frac{20}{100}$	0.20	

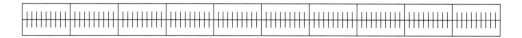

Problema 3.1 Usar décimos y centésimos

A. 1. Marca y rotula las fracciones $\frac{1}{4}, \frac{2}{4}, \frac{3}{4}$ y $\frac{4}{4}$ en una tira de fracciones de centésimos como la que se muestra.

2. Después de marcar cada fracción, sombrea la fracción en una cuadrícula de centésimos como la de la derecha.

3. Escribe una fracción que muestre cuántos centésimos sombreaste.

4. Escribe un decimal que muestre cuántos centésimos sombreaste.

B. 1. ¿Cuál de las fracciones se podría mostrar fácilmente en una cuadrícula de décimos o en una tira de fracciones de décimos?

2. Escribe oraciones numéricas mostrando formas de fracción y decimal equivalentes para cada fracción de arriba. Aquí tienes un ejemplo que usa la fracción $\frac{1}{5}$:

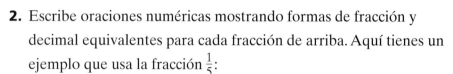

$$\frac{1}{5} = \frac{2}{10} = 0.2 \text{ y } \frac{1}{5} = \frac{20}{100} = 0.20$$

C. Vuelve a escribir las fracciones de abajo usando denominadores de 10 ó 100. Luego, escribe un decimal para cada fracción.

1. $\frac{2}{5}$ **2.** $\frac{26}{50}$ **3.** $\frac{4}{20}$ **4.** $\frac{4}{5}$

D. Lin, una estudiante de sexto grado de la Escuela de Valle Lindo, ganó una barra de frutas gigante por haber vendido más carteles en la colecta de la escuela. La barra es de 10 pulgadas por 10 pulgadas y está marcada en secciones de 100 pulgadas cuadradas. Lin decide compartir su barra de frutas con algunos amigos.

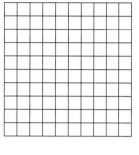

1. Lin le da 0.1 de la barra a Bailey. Describe dos maneras en que Lin podría cortar la barra para compartirla con Bailey.

2. Lin le da 0.25 de la barra a Lula. Describe dos maneras en que podría cortar la barra para compartirla con Lula.

3. Lin le da $\frac{1}{5}$ de la barra a su hermanita, Donna, que la ayudó a vender los carteles para la colecta. Escribe dos decimales que representen cuánto de la barra le toca a Donna.

4. Lin le da $\frac{1}{50}$ de la barra a Patrick. Escribe un decimal que represente cuánto de la barra le toca a Patrick.

5. Sombrea la cuadrícula de centésimas para mostrar una manera en que Lin podría cortar todas las secciones para dárselas a sus amigos.

6. ¿Quién obtuvo más de la barra de fruta: Bailey, Lula, Donna o Patrick? Explica tu respuesta.

7. ¿Cuánto de la barra le queda a Lin?

 La tarea empieza en la página 47.

La tarea empieza en la página 47.

3.2 Hacer partes aún más pequeñas

La tabla de los valores de posición de abajo muestra un conjunto de números especiales tanto en fracción como en forma decimal. Piensa en estas preguntas a medida que mires la tabla:

¿Qué notas en los denominadores de las fracciones a medida que te mueves hacia la derecha desde la parte del punto decimal?

¿Por qué estos denominadores son útiles al escribir fracciones como decimales?

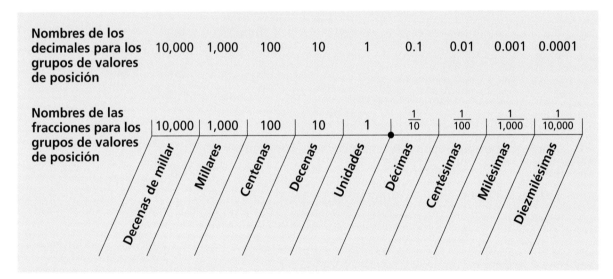

Algunas fracciones se pueden escribir como decimales usando sólo la posición de las décimas.

$$\frac{4}{5} = \frac{8}{10} = 0.8$$

Algunas fracciones, como $\frac{1}{4}$, son difíciles de representar con décimas. Puedes escribir $\frac{1}{4}$ como una fracción equivalente con un denominador de 100 para hallar la representación decimal.

$$\frac{1}{4} = \frac{25}{100} = 0.25$$

Puedes pensar en $\frac{1}{4}$ como en 25 centésimas o como 2 décimas y 5 centésimas. Para algunas fracciones, puedes necesitar dividir una cuadrícula en partes todavía más pequeñas para representar denominadores como 1,000 ó 10,000.

- ¿Cómo se vería la cuadrícula de centésimos si cada cuadrado se subdividiera en 10 partes iguales? ¿Cuántas partes tendría la nueva cuadrícula?

- ¿Cuál es el nombre de la fracción para la parte más pequeña de esta nueva cuadrícula? ¿Cuál es el nombre del decimal?

Problema 3.2 Valores de posición mayores que los centésimos

A. 1. ¿Qué fracción de la cuadrícula a la derecha está sombreada?

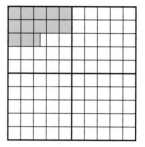

2. ¿Cuántos centésimos están sombreados? Escribe tu respuesta como fracción y como decimal.

3. Si sombrearas la misma fracción en una *cuadrícula de milésimos*, ¿cuántos milésimos estarían sombreados? Escribe tu respuesta como fracción y como decimal.

B. Escribe los siguientes conjuntos de fracciones como decimales.

1. $\frac{9}{10}$, $\frac{9}{100}$, $\frac{9}{1,000}$, $\frac{9}{10,000}$

2. $\frac{43}{10}$, $\frac{43}{100}$, $\frac{43}{1,000}$, $\frac{43}{10,000}$

3. ¿Qué patrones ves en las partes (1) y (2)?

C. Usa los siguientes decimales para contestar las partes (1) y (2).

0.23   0.7011   2.7011   0.00006

1. Escribe cada uno de los números decimales en palabras.

2. Escribe cada uno de los números decimales como fracciones o números mixtos.

D. Para cada par de números, halla otro número que esté entre ellos.

1. 0.8 y 0.85   **2.** 0.72 y 0.73

3. 1.2 y 1.205   **4.** 0.0213 y 0.0214

5. Describe una estrategia que usaste para hallar números entre decimales en las partes (1) a (4).

ACE La tarea empieza en la página 47.

Abajo tienes representaciones de $\frac{3}{4}$ en una cuadrícula de centésimas y en una recta numérica.

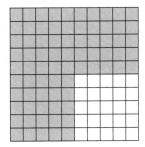

0   1

Piensa en estas preguntas:

Cada representación muestra que $\frac{3}{4}$ es 75 de 100 partes. ¿Cómo escribirías esto como decimal?

Distintas representaciones generalmente son útiles para distintas cosas. ¿Qué representación, la cuadrícula o la recta numérica, crees que es más útil?

¡A veces saber un poco puede llevarte muy lejos! Con decimales y fracciones, saber sólo unas cuantas fracciones y sus equivalentes decimales te puede ayudar a pensar en muchas otras fracciones y sus equivalentes decimales. En el Problema 3.3 harás una lista de puntos de referencia que muestran fracciones y decimales equivalentes.

Mary quiere hacer una lista de puntos de referencia decimales para estas fracciones de referencia:

$$\frac{1}{2} \qquad \frac{1}{3} \qquad \frac{1}{4} \qquad \frac{1}{5} \qquad \frac{1}{6} \qquad \frac{1}{8} \qquad \frac{1}{10}$$

A. **1.** ¿Para cuáles de las fracciones de Mary ya sabes el equivalente decimal? Muestra cómo lo sabes.

2. Usa cuadrículas de centésimos para hallar decimales que representen o sean aproximaciones cercanas a los que tú no sabes.

3. Compara tus decimales para $\frac{1}{4}$ y $\frac{1}{8}$.

4. Compara tus decimales para $\frac{1}{3}$ y $\frac{1}{6}$.

B. Usa tu trabajo con los puntos de referencia de Mary para ayudarte a hallar equivalentes decimales para los siguientes grupos de fracciones:

1. $\frac{2}{5}$ $\qquad$ $\frac{3}{5}$ $\qquad$ $\frac{4}{5}$ $\qquad$ $\frac{6}{5}$

2. $\frac{2}{8}$ $\qquad$ $\frac{3}{8}$ $\qquad$ $\frac{4}{8}$ $\qquad$ $\frac{5}{8}$ $\qquad$ $\frac{6}{8}$ $\qquad$ $\frac{7}{8}$

3. $\frac{4}{20}$ $\qquad$ $\frac{2}{6}$ $\qquad$ $\frac{3}{12}$ $\qquad$ $\frac{3}{6}$

4. Describe las estrategias que usaste para hallar equivalentes decimales.

C. ¿Qué fracciones de referencia se acercan más a cada decimal?

1. 0.18 $\qquad$ **2.** 0.46 $\qquad$ **3.** 0.225 $\qquad$ **4.** 0.099

5. Describe una estrategia que usaste para hallar las respuestas a las partes (1) a (4).

ACE La tarea empieza en la página 47.

¿Lo sabías?

Las fracciones como $\frac{1}{2}, \frac{1}{4}, \frac{1}{5}$ y $\frac{1}{10}$ pueden representarse fácilmente como decimales. Pero una fracción como $\frac{1}{3}$ requiere que lo pienses bien. Es fácil ver que $\frac{1}{3}$ está entre 0.3 y 0.4, y también entre 0.33 y 0.34. Podríamos seguir y ver que $\frac{1}{3}$ está entre 0.333 y 0.334.

¿Dónde paramos y obtenemos el valor exacto? ¡Resulta que no podemos obtener una respuesta exacta *nunca* si dejamos de buscar valores de posición decimales! Para escribir algo como un valor exacto, necesitaríamos escribir $\frac{1}{3}$ como 0.33333…, donde "…" significa que seguimos y seguimos, sin parar. Cuando necesitamos parar en algún lugar, escribimos aproximaciones para las fracciones. A menudo aproximamos $\frac{1}{3}$ con decimales como 0.33 ó 0.333 o incluso 0.3333. Podemos usar tantos 3 como necesitemos para la exactitud que sea apropiada.

3.4 Moverse de fracciones a decimales

En agosto de 2004, el huracán Charley arrasó Cuba, Jamaica y Florida. Destruyó muchos hogares y causó grandes daños a la tierra y a los edificios. Mucha gente se quedó sin lugar donde vivir y con muy poca ropa y alimentos. En respuesta, gente de todo el mundo recogió ropa, artículos para el hogar y comida para enviar a las víctimas del huracán.

Un grupo de estudiantes decidió recoger comida para distribuir entre las familias cuyos hogares habían sido destruidos. Empacaron lo que recogieron en cajas para enviar a las familias. Los estudiantes tuvieron que resolver algunos problemas mientras empacaban las cajas.

Los estudiantes tenían 14 cajas para empacar la comida que recogieron. Querían compartir los víveres en partes iguales entre las 14 familias que recibirían las cajas. Tenían bolsas y contenedores de plástico para volver a empacar los artículos para las cajas individuales. También tenían una balanza digital que medía en kilogramos o en gramos. (Recuerda que 1 kilogramo = 1,000 gramos.)

Comida que recogimos

42 kilogramos de galletas de trigo

77 kilogramos de leche en polvo

91 kilogramos de mantequilla de cacahuate

21 kilogramos de queso chedar

10.5 kilogramos de queso suizo

475 manzanas

195 naranjas

7 kilogramos de pasas

13 kilogramos de galletitas saladas

39 kilogramos de galletitas de animales

A. ¿Cuánto de cada artículo deberían incluir los estudiantes en cada caja? Explica cómo hallaste tu respuesta.

B. Un estudiante calculó la cantidad de leche en polvo escribiendo $\frac{77}{14}$, luego $\frac{11}{2}$ ó 5.5 kilogramos por caja. Usa este método para calcular la cantidad de los otros artículos, por caja.

C. Otro estudiante calculó la cantidad de queso suizo para incluir en cada caja ingresando 10.5 en su calculadora y dividiendo por 14. ¿Es un buen método? ¿Por qué?

D. ¿Cómo te sugiere este problema una manera de cambiar una fracción a decimal? Explica tu respuesta.

ACE La tarea empieza en la página 47.

3.5 Ordenar decimales

El sistema de números decimales se basa en los valores de posición. El valor de un dígito en el número depende de dónde está escrito. De modo que el "2" en el "20" tiene un significado diferente del "2" en "0.02". La tabla de abajo muestra el valor de posición de cada dígito del número 5,620.301.

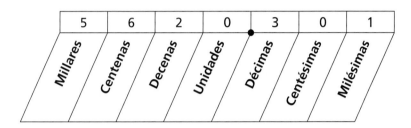

Cuando lees números decimales mayores que uno, dices "y" para separar la parte del número entero de la parte decimal. Para 2.5 dices "2 *y* 5 décimas".

Preparación para el problema

Piensa en estos números:

$$2 \qquad 0.2 \qquad 20 \qquad 0.00002$$

- ¿Cómo te indican los valores de posición qué número es mayor?

Los decimales también te pueden ayudar a contestar preguntas como las siguientes:

¿Cuánto mido?

¿Quién es la persona más alta de la clase?

¿Cuánta gente se lastima con puertas cada día?

A medida que trabajas con los decimales de este problema, piensa en los valores de posición y en cómo te ayudan a ordenar números.

A. La tabla de la derecha muestra las alturas de una clase de sexto grado.

1. Escribe las alturas de Beth y Lana como fracciones. ¿Quién es más alta?

2. Ordena a los estudiantes de acuerdo a su altura, del más bajo al más alto.

Altura de los estudiantes

Estudiante	Altura (m)
Alan	1.45
Beth	1.52
Juan	1.72
Dave	1.24
Eddie	1.22
Fred	1.66
Greg	1.3
Hiroko	1.26
Abey	1.63
Joan	1.58
Karl	1.23
Lana	1.5
María	1.27

B. El gobierno federal mantiene un control de todo tipo de datos interesantes. La tabla de la derecha muestra el número de gente lastimada con artículos del hogar en un año reciente, por millares de residentes estadounidenses.

1. Ordena estos artículos según el número de gente lastimada de menor a mayor.

2. ¿Qué son más peligrosas: las camas o las moquetas? ¿Cómo lo sabes?

3. ¿Qué artículo lastimó aproximadamente al doble de gente que las escaleras?

4. ¿Qué artículo lastimó aproximadamente a 10 veces más gente que los televisores?

C. ¿Qué estrategias usaste para ordenar y comparar los decimales en cada situación?

ACE **La tarea empieza en la página 47.**

Daños causados con artículos del hogar

Artículo	Gente lastimada (por millares de residentes de EE. UU.)
Bañeras y duchas	0.674
Camas	1.569
Alfombras y moquetas	0.404
Techos y suelos	0.894
Sillas	1.008
Puertas	1.143
Escaleras	0.563
Mesas	1.051
Televisiores	0.140
Inodoros	0.195
Ventanas	0.446

Fuente: Oficina del Censo de EE. UU. Ve a www.PHSchool.com para una actualización de los datos, disponible en inglés. Código Web: amg-9041

Aplicaciones

En los Ejercicios 1 a 5, el todo es una cuadrícula de centésimas. Escribe los nombres de la fracción y del decimal de la parte sombreada.

1.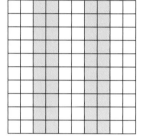

2.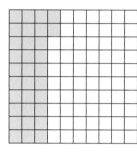

3.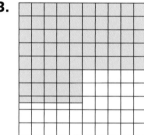

4.

5.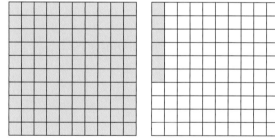

6. Menciona tres fracciones cuyo equivalente decimal sea 0.25. Explica cómo sabes que cada fracción es equivalente a 0.25. Haz un dibujo si te ayuda a explicar tu razonamiento.

7. Menciona tres fracciones cuyo equivalente decimal sea 0.40. Explica cómo sabes que cada fracción es equivalente a 0.40. Haz un dibujo si te ayuda a explicar tu razonamiento.

8. En las partes (a) a (f), usa cuadrículas de centésimos para sombrear la parte fraccionaria que se da. Escribe la fracción como un decimal equivalente.

a. $\frac{1}{2}$ de una cuadrícula de centésimas

b. $\frac{3}{4}$ de una cuadrícula de centésimas

c. $\frac{99}{100}$ de una cuadrícula de centésimas

d. $1\frac{3}{10}$ de una cuadrícula de centésimas

e. $2\frac{7}{10}$ de una cuadrícula de centésimas

f. $1\frac{3}{5}$ de una cuadrícula de centésimas

Escribe una fracción equivalente para cada decimal.

9. 0.08   **10.** 0.4   **11.** 0.04   **12.** 0.84

Go Online
PHSchool.com

Para: Práctica de destrezas de opción múltiple, disponible en inglés
Código Web: ama-2354

Escribe un decimal equivalente para cada fracción.

13. $\frac{3}{4}$ **14.** $\frac{7}{50}$ **15.** $\frac{13}{25}$ **16.** $\frac{17}{25}$ **17.** $\frac{1}{20}$ **18.** $\frac{7}{10}$

Para los Ejercicios 19 a 21, copia la parte de la recta numérica que se da. Luego halla el "paso" determinando la diferencia de una marca a la otra. Rotula las marcas sin rotular con números decimales.

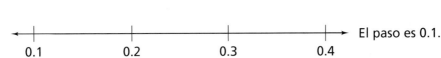

Ejemplo
0.1   0.4

0.1   0.2   0.3   0.4   El paso es 0.1.

19.
0.15   0.17

20.
0.028   0.029

21.
1.8   2.1

22. Para cada par de números, halla otro número que esté entre ellos.

a. 0.7 y 0.75   **b.** 0.65 y 0.68

c. 1.4 y 1.410   **d.** 0.0322 y 0.323

23. Escribe cada decimal en palabras.

    a. 3.620   **b.** 0.14   **c.** 0.00002

24. Nombra cada decimal como fracción o número mixto.

    a. 3.4   **b.** 0.35   **c.** 7.0003

25. Para las partes (a) a (c), usa rectas numéricas para mostrar las cantidades fraccionarias que se dan. Escribe la fracción como decimal equivalente.

    a. $\frac{20}{25}$ **b.** $\frac{5}{8}$ **c.** $\frac{13}{26}$

26. Pilar dividió 1 entre 9 en su calculadora y halló que $\frac{1}{9}$ era aproximadamente 0.1111. Halla aproximaciones decimales para cada una de las siguientes fracciones.

    a. $\frac{2}{9}$ **b.** $\frac{11}{9}$ **c.** $\frac{6}{9}$ **d.** $\frac{2}{3}$

    e. Describe cualquier patrón que veas.

27. Elisa dice que puede hallar los equivalentes decimales para muchas fracciones porque sabe que el equivalente decimal para $\frac{1}{5}$ es 0.2. Menciona tres fracciones para las que Elisa pudiera hallar el equivalente decimal. Explica cómo Elisa usaría $\frac{1}{5}$ para hallar el decimal de cada fracción.

28. ¿A qué fracción de referencia de abajo se acerca más cada decimal?

    $\frac{1}{2}$ $\frac{1}{3}$ $\frac{1}{4}$ $\frac{1}{5}$ $\frac{1}{6}$ $\frac{1}{8}$ $\frac{1}{10}$

    a. 0.30   **b.** 0.50   **c.** 0.12333   **d.** 0.15

29. a. Sarah y su tío, Takota, van a pescar a Grand River. Cada uno pescó un pez. El pez de Sarah mide $\frac{5}{8}$ de pie de largo. El pez de Takota mide $\frac{2}{3}$ de pie de largo. ¿Qué pez es más largo? Explica tu respuesta.

    b. Si Sara y Takota midieran sus peces en decimales, ¿les sería más fácil ver qué pez es más largo? Explica tu respuesta.

30. Belinda usó su calculadora para hallar el decimal para la fracción $\frac{21}{28}$. Cuando ingresó 21 ÷ 28, la calculadora le dio una respuesta que reconocía. ¿Por qué crees que la reconoció?

31. Opción múltiple La orquesta de la Escuela Johnson es responsable de limpiar una sección de 15 millas de la autopista. Hay 45 estudiantes en la orquesta. Si cada miembro de la orquesta limpia una sección del mismo tamaño, ¿qué decimal representa esta sección?

A. 0.3 **B.** 0.33 **C.** 0.3333 . . . **D.** 3.0

32. Supón que una estudiante nueva empieza la escuela hoy y tu maestro le pide que le enseñes a hallar equivalentes decimales para las fracciones. ¿Qué le dirías? ¿Cómo la convencerías de que tu método funciona?

Copia cada par de números de los Ejercicios 33 a 42. Agrega <, > ó = para hacer cierto el enunciado.

33. 0.205 ▦ 0.21   **34.** 0.1 ▦ 0.1000

35. 0.04 ▦ 0.050   **36.** 1.03 ▦ 0.03

37. $\frac{5}{10}$ ▦ 0.6   **38.** $\frac{3}{5}$ ▦ 0.3

39. 0.4 ▦ $\frac{2}{5}$ **40.** 0.7 ▦ $\frac{1}{2}$

41. 0.52 ▦ $\frac{2}{4}$ **42.** 0.41 ▦ 0.405

43. Para cada par de números de los Ejercicios 33 a 42, escribe un número que esté entre los dos números que se dan. Si no es posible, explica por qué.

44. ¿Cuál es mayor, 0.45 ó 0.9? Explica tu razonamiento. Haz un dibujo si te ayuda a explicar tu razonamiento.

45. ¿Cuál es mayor, setenta y cinco centésimos o seis décimos? Explica tu respuesta. Haz un dibujo si es necesario.

46. ¿Cuál es mayor, 0.6 ó 0.60? Explica tu respuesta. Haz un dibujo si es necesario.

En los Ejercicios 47 a 50, vuelve a escribir los números en orden de menor a mayor.

47. 0.33, 0.12, 0.127, 0.2, $\frac{45}{10}$ **48.** $\frac{45}{10}$, $\frac{3}{1,000}$, 0.005, 0.34

49. 0.418, $\frac{4}{10}$, $\frac{40}{1,000}$, 0.481   **50.** 0.827, 1.23, $\frac{987}{100}$, $\frac{987}{1,000}$

Homework Help Online PHSchool.com

Para: Ayuda con el Ejercicio 47, disponible en inglés
Código Web: ame-2347

Conexiones

51. Diez estudiantes fueron a una pizzería. Pidieron ocho pizzas pequeñas.

    a. ¿Cuánto recibirá cada estudiante si comparten las pizzas en partes iguales? Expresa tu respuesta como fracción y como decimal.

    b. Explica cómo pensaste en el problema. Haz un dibujo que convenza a alguien de que tu respuesta es correcta.

52. Si miras por un microscopio que hiciera que los objetos aumentaran diez veces, 1 centímetro en una regla métrica se vería así:

    a. Copia esta vista del microscopio de 1 cm. Divide la longitud de 1 cm en diez partes iguales. ¿Qué fracción del "centímetro" representa cada una de estas partes?

    b. Ahora piensa en cómo dividir una de estas partes más pequeñas en diez partes iguales. ¿Qué parte del "centímetro" original representa cada uno de los nuevos segmentos?

    c. Si dividieras una de estas nuevas partes más pequeñas en diez partes iguales otra vez, ¿qué parte del "centímetro" original representaría cada una de las partes más pequeñas?

53. Copia la recta numérica de abajo. Muestra 0.4 y 0.5 en tu recta numérica.

    0   1

   a. ¿Puedes ubicar cinco números entre 0.4 y 0.5? Si es así, pon los números en tu recta numérica y rotúlalos. Si no, explica por qué no.

   b. Ahora, aumenta el segmento de recta de 0.4 a 0.5. Haz que tu nuevo segmento de recta tenga aproximadamente la longitud de la recta numérica original. Pon 0.4, 0.45 y 0.50 en tu nueva recta numérica. ¿Puedes hallar cinco números que estén entre 0.45 y 0.50? Si es así, ponlos en tu recta numérica con rótulos. Si no, explica por qué no.

54. Hana dice que la división debería llamarse "operación de compartir". ¿Por qué lo dice?

Extensiones

En los Ejercicios 55 a 60, halla una estimación si no puedes hallar una respuesta exacta. Puede que te resulte útil para resolver el problema dibujar una recta numérica, una cuadrícula de centésimas o algún otro diagrama. Explica tu razonamiento.

55. ¿Qué es $\frac{1}{4}$ de 12?

56. ¿Qué es $\frac{3}{4}$ de 8?

57. ¿Qué es $\frac{2}{9}$ de 18?

58. ¿Qué es $\frac{2}{9}$ de 3?

59. ¿Qué es $\frac{1}{4}$ de 3?

60. ¿Qué es $\frac{3}{4}$ de 3?

Reflexiones matemáticas 3

En esta investigación estudiaste las relaciones entre fracciones y decimales. Estas preguntas te ayudarán a resumir lo que has aprendido.

Piensa en las respuestas a estas preguntas. Comenta tus ideas con otros estudiantes y con tu maestro(a). Luego escribe un resumen de tus hallazgos en tu cuaderno.

1. Describe cómo hallar el equivalente decimal de una fracción dada. ¿Cómo puedes comprobar si tu estrategia funciona?

2. Describe cómo hallar el equivalente en fracción de un decimal dado. Explica por qué funciona tu estrategia.

3. Cuando comparas dos decimales, como 0.57 y 0.559, ¿cómo puedes decidir qué decimal representa el número mayor?

Trabajar con porcentajes

En esta unidad has representado cantidades como fracciones y decimales para darle sentido a preguntas que cuestionaban "¿cuánto?" o "¿qué tan bueno?" o "¿cuál es mejor?". Abajo tienes una situación típica donde es necesaria una comparación.

Preparación para el problema 4.1

Cuando los votantes aprueban un bono escolar, se ponen de acuerdo en un aumento de impuestos que pague por la construcción de la escuela. Según los datos siguientes de una encuesta, ¿qué vecindario, Whitehills o Bailey, apoya más la propuesta del bono escolar para construir un gimnasio nuevo?

Personas a favor de un bono escolar

Vecindario	Sí	No
Whitehills	31	69
Bailey	17	33

Para hacer comparaciones con sentido en una situación como ésta, necesitas volver a escribir las cantidades de modo que usen una unidad común de comparación. Una manera de comparar estos datos sería averiguar cuáles serían los números de cada vecindario si se hubiera encuestado a 100 personas y la tasa de apoyo se quedara igual. Piensa en cómo se podría hacer esto.

Las fracciones que tienen 100 como denominador son muy útiles porque se puede escribir fácilmente estas fracciones como decimales y luego compararlas con otros decimales.

Otra manera útil de expresar una fracción con un denominador de 100 es usar un símbolo especial llamado el símbolo de porcentaje: %. **Porcentaje** significa "de 100". De modo que 8% significa 8 de 100.

¿Lo sabías ?

En el siglo XV, la frase *per cento* se usaba para "por cien". Escribir "per cento" una y otra vez probablemente resultaba tedioso. Los manuscritos de aritmética de 1650 muestran que la gente empezó a reemplazar "per cento" con "per $\frac{0}{0}$" o "p $\frac{0}{0}$".

Más tarde, se omitió el "per" y el símbolo $\frac{0}{0}$ aparecía solo.

Con el tiempo, $\frac{0}{0}$ se convirtió en el símbolo % que usamos hoy.

Go Online
PHSchool.com

Para: Información sobre antiguos manuscritos de aritmética, disponible en inglés
Código Web: ame-9031

4.1 ¿Quién es el mejor?

Las estadísticas deportivas a menudo se dan en porcentajes. Una estadística importante para los jugadores de básquetbol es su porcentaje de éxito en los tiros libres. Dos jugadores muy conocidos son Yao Ming y Shaquille O'Neal. Las matemáticas pueden ayudarnos a comparar sus estadísticas de básquetbol.

Problema 4.1 Sacar sentido de los porcentajes

Durante un año reciente, Yao Ming metió 301 de 371 tiros libres y Shaquille O'Neal metió 451 de 725 tiros libres. Es difícil decir quién fue mejor en tiros libres a partir de estos datos en frío. Pero en deportes, los comentaristas dan estos números en frío como porcentajes.

A. Will dijo que hizo unos dibujos para ayudarle a pensar sobre el porcentaje de tiros libres de Yao Ming y Shaquille O'Neal, ¡pero se quedó bloqueado! Aquí están los dibujos de Will.

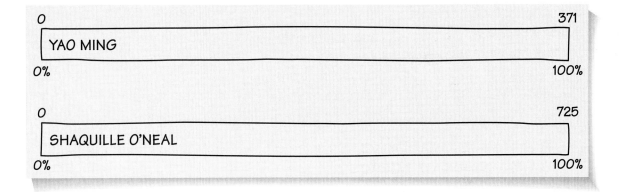

1. Describe una manera en la que Will podría usar estos dibujos para estimar el porcentaje de tiros libres obtenido por cada jugador.

2. ¿Dónde estaría la marca del 50% en la escala inferior de cada dibujo?

3. Estima el número que debería situarse en la escala superior sobre 50% en cada dibujo.

4. Para cada jugador, estima la posición de la marca que representaría el número de tiros libres obtenidos. Usa una fracción de referencia para describir esta ubicación.

B. Alisha dice que es fácil saber quién tiene el mejor récord de tiros libres. Dice: "Yao Ming metió 301 y Shaquille O'Neal metió 451. ¡O sea que Shaquille O'Neal tiene mejor récord!" ¿Estás de acuerdo? ¿Por qué?

ACE La tarea empieza en la página 61.

4.2 Escoger el mejor

Los Tigres de Portland están jugando contra los Potros de Coldwater en básquetbol. El partido está empatado 58 a 58, pero en la emoción del momento los dos entrenadores saltan a la cancha cuando suena la sirena. Un árbitro pita falta técnica a cada entrenador.

Cada entrenador debe escoger a un jugador para lanzar los tiros libres. El equipo ganador se determinará por el tiro libre.

Problema 4.2 Usar porcentajes para comparar

A. El entrenador de Portland escogerá entre tres jugadoras para lanzar el tiro libre. En su calentamiento anterior al juego:

- Ángela metió 12 de 15 tiros libres
- Emily metió 15 de 20 tiros libres
- Cristina metió 13 de 16 tiros libres

¿Qué jugadora debería seleccionar el entrenador de Portland para lanzar el tiro libre? Explica tu razonamiento.

B. El entrenador de los Potros de Coldwater debe escoger la mejor jugadora para los tiros libres de entre las cuatro jugadoras que se listan abajo. ¿Qué jugadora debe escoger? Explica tu respuesta.

- Naomi tiene un promedio de 10 de cada 13 tiros libres
- Bobbie tiene un promedio de 8 de cada 10 tiros libres
- Kate tiene un promedio de 36 de cada 50 tiros libres
- Carmen tiene un promedio de 16 de cada 20 tiros libres

C. Busca una manera de apoyar tus conclusiones usando porcentajes para las preguntas A y B. ¿Qué ventaja tiene usar porcentajes al hacer comparaciones?

ACE La tarea empieza en la página 61.

El básquetbol lo inventó James Naismith en 1891. Era un profesor de educación física que quería crear un deporte en equipo que se pudiera jugar en el interior durante el invierno. El juego, originalmente, se jugaba con una pelota de fútbol, cestos de duraznos y una escalera.

Para: Información sobre los orígenes del baloncesto, disponible en inglés
Código Web: ame-9031

4.3 Hallar una estrategia general

Una de las cosas poderosas sobre las matemáticas es que a menudo puedes hallar maneras de solucionar un problema que también se puede usar para resolver problemas similares.

Por ejemplo, es fácil hallar porcentajes cuando se encuestan exactamente 100 personas, ya que porcentaje significa "de 100". Sin embargo, las encuestas a menudo incluyen más o menos de 100 personas. Aquí tienes un ejemplo.

Una encuesta preguntaba a gente con gatos: "¿Tiene mal aliento su gato?" De los 200 dueños de gatos encuestados, 80 contestaron sí a esta pregunta. ¿Qué porcentaje de dueños de gatos contestó sí?

Problema 4.3 Expresar datos en forma de porcentaje

A medida que trabajas en estas preguntas, trata de hallar una manera de describir las estrategias que usaste para resolver estos tipos de problemas.

A. Supón que 80 de 400 dueños de gatos entrevistados dijeron que sus gatos tenían mal aliento. ¿Qué porcentaje de dueños de gatos representa esto? ¿Es este porcentaje mayor, igual o menor que el porcentaje representado por 80 de 200 dueños de gatos? Explica tu respuesta.

B. Si 120 de 300 estudiantes de séptimo grado encuestados dijeron que las matemáticas son su asignatura favorita, ¿cómo expresarías esto como fracción? Escribe esta fracción como decimal y como porcentaje.

C. Supón que 30 de 50 adultos encuestados dijeron que les gustaba su trabajo. ¿Cómo expresarías esto como fracción, como decimal y como porcentaje?

D. Supón que 34 de 125 estudiantes de sexto grado encuestados dijeron que les gustaría probar hacer vuelo libre. ¿Qué fracción, decimal y porcentaje representa esto?

E. Cinco de 73 estudiantes de escuela intermedia dijeron que están deseando hacer simulacros de incendio. ¿Qué fracción, decimal y porcentaje representa esto?

F. 1. Escribe una explicación para las diferentes estrategias que usaste para expresar los datos de la encuesta en forma de porcentaje.

   2. ¿Qué proceso general cubrió todos los casos?

ACE La tarea empieza en la página 61.

¿Lo sabías?

Los porcentajes, fracciones y decimales son maneras de representar razones. Una **razón** es una comparación de dos cantidades. Si encuestas a 200 personas e informas que $\frac{3}{5}$, 0.6 ó 60% de las personas tienen licencia de manejar, estás comparando el número de gente con licencias (120) con el total de número de personas al que les preguntaste (200). Una frase como "120 de 200" es otra manera de representar una razón.

4.4 Cambiar formas

Hay muchas maneras diferentes de hablar sobre relaciones entre números. Cuando cuentas un relato con datos, tienes opciones sobre cómo expresar las relaciones. Las fracciones o decimales o porcentajes puede ser más adecuados en ciertas situaciones.

Una encuesta preguntaba a gente con gatos esta pregunta:

Durante el primer año que tuvo a su gato, ¿cuánto le costó?

La tabla muestra cómo contestaron los dueños de gatos.

Costo de tener un gato el primer año

Costo	Porcentaje	Decimal	Fracción
$600 o más	▦	0.11	▦
De $500 a $599	25%	▦	▦
De $400 a $499	▦	▦	$\frac{2}{5}$
De $300 a $399	18%	▦	▦
De $200 a $299	▦	▦	$\frac{1}{25}$
Menos de $200	▦	0.02	▦

Problema 4.4 Moverse entre representaciones

A. Copia la tabla de arriba y llena la información que falta.

B. 1. Empieza en 0%, sombrea las diferentes partes de una sola barra de porcentaje como la de abajo. Usa colores o estilos de sombreado diferentes para mostrar los porcentajes correspondientes para cada una de las seis opciones.

0%   100%

2. Añade una clave a tu barra de porcentaje para mostrar qué color o tipo de sombreado representa. Cuando termines, la barra de porcentaje debería estar completamente sombreada. Explica por qué.

C. 1. ¿Qué porcentaje de dueños de gato tuvieron costos inferiores a $400 el primer año?

2. ¿Qué porcentaje de dueños de gato tuvieron costos inferiores a $600 el primer año?

D. 1. Escribe cada decimal como porcentaje.

   a. 0.3   **b.** 0.21   **c.** 0.115

   d. 0.2375   **e.** 2.37

2. Escribe cada porcentaje como decimal.

   a. 17%   **b.** 17.5%

   c. 132%   **d.** 132.5%

E. Si te pidieran que escribieras un relato sobre los costos de tener un gato el primer año, ¿usarías los datos expresados como porcentajes, como fracciones o como decimales? Explica por qué piensas que tu opción es la mejor.

ACE La tarea empieza en la página 61.

Aplicaciones

1. En un año reciente, Karl Malone metió 474 de 621 tiros libres y John Stockton metió 237 de 287 tiros libres. Copia las barras de porcentajes y úsalas para contestar cada pregunta.

0   621

| KARL MALONE |

0%   100%

0   287

| JOHN STOCKTON |

0%   100%

a. ¿Qué fracción de referencia está cerca del número de tiros libres obtenido por cada jugador?

b. Estima el porcentaje de tiros libres obtenido por cada jugador.

2. Usa los datos de la derecha. ¿Qué vecindario (Elmhurst o Little Neck) está más a favor de la propuesta de bonos escolares para construir un nuevo complejo deportivo? Explica tu razonamiento.

Personas favorables al bono escolar

Vecindario	Sí	No
Elmhurst	43	57
Little Neck	41	9

3. Opción múltiple Escoge la mejor puntuación en una prueba.

A. 15 puntos de 25   **B.** 8 puntos de 14

C. 25 puntos de 45   **D.** 27 puntos de 50

4. Opción múltiple Escoge la mejor puntuación en una prueba.

F. 150 puntos de 250   **G.** 24 puntos de 42

H. 75 puntos de 135   **J.** 75 puntos de 150

5. Opción múltiple ¿Cuál es el porcentaje correcto de la puntuación de una prueba de 14 puntos de 20?

A. 43%   **B.** 53%   **C.** 70%   **D.** 75%

Homework Help **Online**
PHSchool.com

Para: Ayuda con el Ejercicio 5, disponible en inglés
Código Web: ame-2405

6. **Opción múltiple** ¿Cuál es el porcentaje correcto de la puntuación de una prueba de 26 puntos de 60?

    F. alrededor del 43%   **G.** alrededor del 57%

    H. alrededor del 68%   **J.** alrededor del 76%

Para los Ejercicios 7 a 15, usa los datos de gatos de la tabla.

Distribución del peso de los gatos				
Peso (lb)	Machos		Hembras	
	Gatito	Adulto	Gatito	Adulto
0–5.9	8	1	7	4
6–10.9	0	16	0	31
11–15.9	2	15	0	10
16–20	0	4	0	2
Total	10	36	7	47

7. **a.** ¿Qué fracción de los gatos son hembras?

    b. ¿Qué fracción de los gatos son machos?

    c. Escribe cada fracción como decimal y como porcentaje.

8. **a.** ¿Qué fracción de los gatos son gatitos?

    b. ¿Qué fracción de los gatos son adultos?

    c. Escribe cada fracción como decimal y como porcentaje.

9. **a.** ¿Qué fracción de los gatitos son machos?

    b. Escribe la fracción como decimal y como porcentaje.

10. ¿Qué porcentaje de los gatos pesan entre 11 y 15.9 libras?

11. ¿Qué porcentaje de los gatos pesan de 0 a 5.9 libras?

12. ¿Qué porcentaje de los gatos son gatitos machos y pesan entre 11 y 15.9 libras?

13. ¿Qué porcentaje de los gatos son hembras y pesan entre 6 y 15.9 libras?

14. ¿Qué porcentaje de los gatos son gatitos y pesan entre 16 y 20 libras?

15. ¿Qué porcentaje de las hembras pesan entre 0 y 5.9 libras?

Para los Ejercicios 16 a 19, usa la siguiente información:

En una encuesta reciente, se les preguntó a 150 dueños de perros y 200 dueños de gatos qué tipo de comida les gustaba a sus mascotas. Aquí están los resultados de la encuesta.

Preferencias de comida de mascotas

Preferencia	De los 150 dueños de perros	De los 200 dueños de gatos
Sólo comida de humanos	75	36
Sólo comida de mascotas	45	116
Comida de humanos y de mascotas	30	48

16. Halla la categoría de comida con el mayor número de dueños de perro diciendo que es la favorita de sus mascotas. Escribe el número de esta categoría como fracción, como decimal y como porcentaje del total de dueños de perros encuestados.

17. Halla la categoría de comida con el mayor número de dueños de gato diciendo que es la favorita de sus mascotas. Escribe el número de esta categoría como fracción, como decimal y como porcentaje del total de dueños de perros encuestados.

18. Supón que sólo se encuestaron 100 dueños de perros, con resultados similares. Estima cuántos hubieran contestado en cada una de las tres categorías.

19. Supón que se encuestaron 50 dueños de gatos, con resultados similares. Estima cuántos hubieran contestado en cada una de las tres categorías.

20. La puntuación en la prueba de matemáticas de Elisa, con créditos adicionales incluidos, fue $\frac{26}{25}$. ¿Qué porcentaje representa esto?

21. Supón que 12% de los estudiantes encuestados dijeron que habían hecho escalada de rocas. Estima cuántos hubieran dicho que habían hecho escalada de rocas si

a. se hubiera encuestado a 100 estudiantes

b. se hubiera encuestado a 200 estudiantes

c. se hubiera encuestado a 150 estudiantes

22. Cuando fueron encuestados, 78% de los dueños de mascotas dijeron que vivían en una población donde la ley obligaba a recoger las heces.

   a. ¿Cómo expresarías este porcentaje como decimal?

   b. ¿Cómo expresarías este porcentaje como fracción?

   c. ¿Qué porcentaje de la gente encuestado dijo que no vivía en una ciudad donde la ley obligaba a recoger las heces? Explica tu razonamiento. Expresa este porcentaje como decimal y como fracción.

   d. ¿Puedes determinar cuánta gente fue encuestada? ¿Por qué?

23. Cuando fueron encuestados, 66% de los dueños de perros que llevaron a su perro a una escuela de obediencia dijeron que sus perros pasaron la prueba.

   a. ¿Qué porcentaje de los dueños de perros dijeron que sus perros no pasaron la prueba?

   b. Escribe una explicación para un amigo sobre cómo resolver la parte (a) y por qué funciona tu solución.

24. Copia la tabla de abajo y llena las partes que faltan.

Porcentaje	Decimal	Fracción
62%	▦	▦
▦	▦	$\frac{4}{9}$
▦	1.23	▦
▦	▦	$\frac{12}{15}$
▦	2.65	▦
▦	0.55	▦
48%	▦	▦
▦	▦	$\frac{12}{10}$

Para: Práctica de destrezas de opción múltiple, disponible en inglés
Código Web: ama-2454

25. Cuando a Diane y Marla les devolvieron su prueba en pareja, su nota fue 105% porque obtuvieron algunos créditos adicionales por problemas correctos.

   a. Escribe este porcentaje como decimal y como fracción.

   b. Si cada problema de la prueba tuviera el mismo valor de puntos, ¿cuántos problemas habría habido en la prueba?

Conexiones

Compara cada par de fracciones en los Ejercicios 26 a 31 usando puntos de referencia u otras estrategias que tengan sentido para ti. Copia las fracciones y agrega < , > ó = para hacer cierto el enunciado.

26. $\frac{7}{10}$ ▧ $\frac{5}{8}$ **27.** $\frac{11}{12}$ ▧ $\frac{12}{13}$

28. $\frac{12}{15}$ ▧ $\frac{12}{14}$ **29.** $\frac{3}{8}$ ▧ $\frac{4}{8}$

30. $\frac{3}{5}$ ▧ $\frac{4}{6}$ **31.** $\frac{4}{3}$ ▧ $\frac{15}{12}$

32. Copia la tabla de abajo y llena las partes que faltan.

Fracción	Número mixto
$\frac{13}{5}$	▧
▧	$5\frac{2}{7}$
▧	$9\frac{3}{4}$
$\frac{23}{3}$	▧

33. Los siguientes porcentajes son un buen conjunto de puntos de referencia porque sabes que tienen buenas fracciones equivalentes y buenos decimales equivalentes. Copia la tabla de abajo y llena las partes que faltan. Usa tu tabla hasta que hayas aprendido estas relaciones.

Porcentaje	10%	$12\frac{1}{2}\%$	20%	25%	30%	$33\frac{1}{3}\%$	50%	$66\frac{2}{3}\%$	75%
Fracción	▧	▧	▧	▧	▧	▧	▧	▧	▧
Decimal	▧	▧	▧	▧	▧	▧	▧	▧	▧

Extensiones

En los Ejercicios 34 a 36, determina qué fracción es el rótulo correcto para la marca a medio camino entre los dos valores marcados de la recta numérica. Luego escribe la fracción como porcentaje y como decimal.

34.
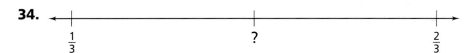

$\frac{1}{3}$? $\frac{2}{3}$

35.
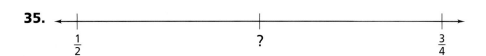

$\frac{1}{2}$? $\frac{3}{4}$

36.
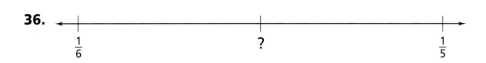

$\frac{1}{6}$? $\frac{1}{5}$

37. ¿Qué fracción del cuadrado de abajo está sombreado? Explica tu razonamiento.

38. En forma decimal, ¿qué fracción del cuadrado de abajo está sombreado? Explica tu respuesta.

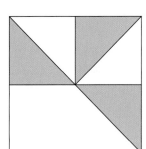
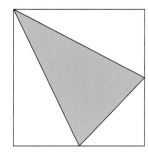

39. ¿Qué porcentaje del cuadrado de abajo está sombreado? Explica tu respuesta.

40. Una tienda de mascotas vende enjuague bucal digerible para gatos. Para promocionar este nuevo producto, la tienda ofrece $0.50 de descuento del precio original de $2.00 por una botella de 8 onzas. ¿Qué porcentaje de descuento tiene el enjuague?

En los Ejercicios 41 a 43, determina qué número es el rótulo correcto para el lugar a medio camino entre los dos porcentajes marcados en las barras de porcentaje. Luego determina qué porcentaje representa el número.

41.

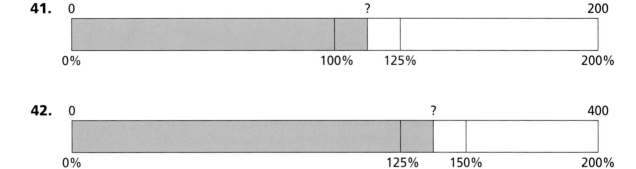

0   ?   200

0%   100% 125%   200%

42.

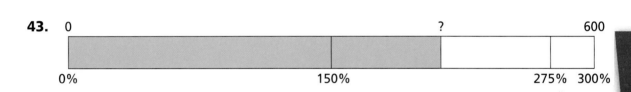

0   ?   400

0%   125% 150%   200%

43.

0   ?   600

0%   150%   275% 300%

Extensiones

44. Una tienda ofrece un descuento del 30% de todos los libros de referencia.

    a. Si un diccionario cuesta $12.00 antes del descuento, ¿cuánto es el descuento?

    b. Si un libro de identificación de insectos cuesta originalmente $15.00, ¿cuánto tienes que pagar por él?

Reflexiones matemáticas 4

En esta investigación exploraste las relaciones entre fracciones, decimales y porcentajes y resolviste problemas usando porcentajes para ayudarte a hacer comparaciones. Estas preguntas te ayudarán a resumir lo que has aprendido.

Piensa en las respuestas a estas preguntas. Comenta tus ideas con otros estudiantes y con tu maestro(a). Luego escribe un resumen de tus hallazgos en tu cuaderno.

1. ¿Qué significa porcentaje?

2. a. Describe cómo cambias un porcentaje a decimal y a fracción.

   b. Describe cómo cambias una fracción a porcentaje.

   c. Describe cómo cambias un decimal a porcentaje.

3. ¿Por qué los porcentajes son útiles para hacer comparaciones?

4. Explica cómo hallar qué porcentaje de un número es otro número. Por ejemplo, ¿qué porcentaje de 200 es 75? Dibuja una barra de porcentaje para ayudarte a explicar tu razonamiento.

Trabajando en los problemas de esta unidad ampliaste tu conocimiento sobre fracciones, decimales y porcentajes. Aprendiste

Go Online
PHSchool.com
Para: Práctica del repaso del vocabulario, disponible en inglés
Código Web: amj-2051

- a relacionar fracciones y decimales con su ubicación en una recta numérica
- cómo las fracciones, decimales y porcentajes se relacionan unos con otros
- a comparar y ordenar fracciones y decimales
- a identificar fracciones, decimales y porcentajes equivalentes

Usa lo que sabes: Sentido numérico

Demuestra tu comprensión y destreza trabajando con fracciones, decimales y porcentajes al resolver los problemas siguientes.

1. El diagrama muestra un rompecabezas formado por figuras familiares. Halla el nombre de una fracción y el nombre de un decimal para el tamaño de cada pieza.

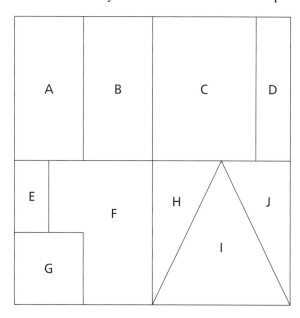

   a. ¿Qué fracción del rompecabezas está cubierto por cada pieza? Usa tu destreza de estimación de medidas y tu razonamiento para hallar cada fracción.

   b. ¿Qué decimal representa cada parte del rompecabezas?

2. José sacó ocho tarjetas de una baraja de tarjetas numéricas. Le pidieron que mostrara la posición de cada número en una recta numérica como fracción, como decimal y como porcentaje de la distancia de cero a uno.

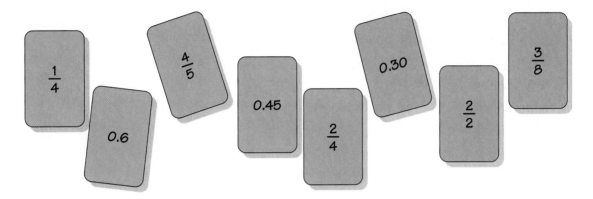

La fracción $\frac{1}{4}$ ya se ha colocado en la recta numérica de abajo, junto con su correspondiente decimal y porcentaje.

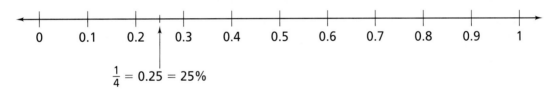

$$\frac{1}{4} = 0.25 = 25\%$$

a. Copia la recta numérica y muestra la posición de cada una de las otras tarjetas numéricas.

b. Rotula cada posición como fracción, decimal y porcentaje de la distancia de cero a uno.

Explica tu razonamiento

Has explorado las relaciones entre fracciones, decimales y porcentajes de muchas formas diferentes. Has aprendido estrategias para trabajar con fracciones, decimales y porcentajes que son adecuados en cada situación.

3. Describe una estrategia que se pueda usar para comparar cada par de números.

a. $\frac{5}{8}$ y $\frac{7}{8}$

b. $\frac{3}{4}$ y $\frac{3}{5}$

c. $\frac{3}{4}$ y $\frac{5}{8}$

d. $\frac{3}{8}$ y $\frac{2}{3}$

e. $\frac{3}{4}$ y $\frac{4}{5}$

f. $\frac{2}{3}$ y $\frac{5}{8}$

Describe una estrategia que se pueda usar para hallar

4. una fracción equivalente a $\frac{16}{20}$

5. un decimal equivalente a $\frac{16}{20}$

6. un porcentaje para $\frac{16}{20}$

7. un decimal equivalente a 0.18

8. una fracción equivalente a 0.18

9. un porcentaje para 0.18

10. una fracción para 35%

11. un decimal para 3%

Mira adelante

Las fracciones, los decimales y los porcentajes se usarán en casi cada unidad futura de *Connected Mathematics*. También se usan en aplicaciones de matemáticas a problemas de ciencias, negocios y vida personal. Los usarás para trabajar en probabilidad, geometría, mediciones y álgebra.

En la unidad *Trozos y piezas II*, aprenderás las operaciones de suma, resta, multiplicación y división de fracciones. En *Trozos y piezas III* aprenderás las operaciones de suma, resta, multiplicación y división de decimales y observarás maneras adicionales en las que usar porcentajes en el mundo que nos rodea.

D

decimal Una forma especial de fracción. Los decimales, o fracciones decimales, se basan en el sistema de valor relativo de base 10. Para escribir números como decimales, usamos solamente 10 y potencias de 10 como denominadores. Escribir fracciones de esta manera nos evita tener que escribir los denominadores, porque están implícitos. Cuando escribimos $\frac{375}{1,000}$ como un decimal, 0.375, se entiende que el denominador es 1,000. Los dígitos que se encuentran a la izquierda del punto decimal muestran unidades enteras, y los dígitos a la derecha del punto decimal muestran una porción de una unidad entera. El diagrama muestra el valor relativo para cada dígito del número 5,620.301.

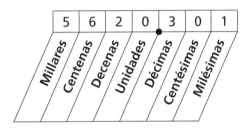

decimal A special form of a fraction. Decimals, or decimal fractions, are based on the base ten place-value system. To write numbers as decimals, we use only 10 and powers of 10 as denominators. Writing fractions in this way saves us from writing the denominators because they are understood. When we write $\frac{375}{1,000}$ as a decimal (0.375) the denominator of 1,000 is understood. The digits to the left of the decimal point show whole units. The digits to the right of the decimal point show a portion of a whole unit. The diagram shows the place value for each digit of the number 5,620.301.

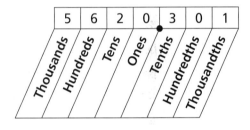

denominador El número escrito debajo de la línea en una fracción. En la fracción $\frac{3}{4}$, 4 es el denominador. En la interpretación de partes y enteros de fracciones, el denominador muestra el número de partes iguales en que fue dividido el entero.

denominator The number written below the line in a fraction. In the fraction $\frac{3}{4}$, 4 is the denominator. In the part-whole interpretation of fractions, the denominator shows the number of equal-size parts into which the whole has been split.

fracción Un número (una cantidad) en forma de $\frac{a}{b}$, donde a y b son números enteros. Una fracción puede indicar una parte de un objeto, conjunto de objetos enteros, o unidad de la medida; una razón entre dos cantidades; o una división. Para el dibujo de abajo, la fracción $\frac{3}{4}$ muestra la parte del rectángulo que está sombreada. El denominador 4 indica la cantidad de piezas de igual tamaño. El numerador 3 indica la cantidad de piezas que están sombreadas.

fraction A number (quantity) of the form $\frac{a}{b}$ where a and b are whole numbers. A fraction can indicate a part of a whole object, set, or measurement unit; a ratio of two quantities; or a division. For the picture below, the fraction $\frac{3}{4}$ shows the part of the rectangle that is shaded. The denominator 4 indicates the number of equal-sized pieces. The numerator 3 indicates the number of pieces that are shaded.

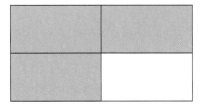

La fracción $\frac{3}{4}$ también podría representar 3 en un grupo de cuatro elementos que cumplan con un mismo criterio. Por ejemplo, cuando 12 estudiantes participaron en una determinada actividad y 16 estudiantes no lo hicieron, la razón es 3 a 4. Otro ejemplo es la cantidad de pizza que le toca a cada persona cuando se reparten tres pizzas en partes iguales entre cuatro personas ($3 \div 4$ ó $\frac{3}{4}$ de pizza por persona).

The fraction $\frac{3}{4}$ could also represent three of a group of four items meeting a particular criteria. For example, when 12 students enjoyed a particular activity and 16 students did not, the ratio is 3 to 4. Another example is the amount of pizza each person receives when three pizzas are shared equally among four people ($3 \div 4$ or $\frac{3}{4}$ of a pizza per person).

fracción unitaria Una fracción con numerador 1. En la fracción de unidad $\frac{1}{13}$, el denominador 13 indica la cantidad de partes iguales en las que se ha dividido el entero, y que la fracción representa una de esas partes.

unit fraction A fraction with a numerator of 1. In the unit fraction $\frac{1}{13}$, the denominator 13 indicates the number of equal-size parts into which the whole has been split. The fraction represents the quantity of one of those parts.

fracción impropia Una fracción cuyo numerador es mayor que el denominador. Una fracción impropia es una fracción mayor que 1. La fracción $\frac{5}{2}$ es una fracción impropia. La fracción $\frac{5}{2}$ representa 5 mitades y es equivalente a $2\frac{1}{2}$, lo cual es mayor que 1.

improper fraction A fraction in which the numerator is larger than the denominator. An improper fraction is a fraction that is greater than 1. The fraction $\frac{5}{2}$ is an improper fraction. The fraction $\frac{5}{2}$ means 5 halves and is equivalent to $2\frac{1}{2}$, which is greater than 1.

 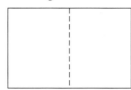

fracciones equivalentes Fracciones de igual valor, pero que pueden tener diferentes numeradores y denominadores. Por ejemplo, $\frac{2}{3}$ y $\frac{14}{21}$ son fracciones equivalentes. La parte sombreada de este rectángulo representa tanto $\frac{2}{3}$ como $\frac{14}{21}$.

equivalent fractions Fractions that are equal in value, but may have different numerators and denominators. For example, $\frac{2}{3}$ and $\frac{14}{21}$ are equivalent fractions. The shaded part of this rectangle represents both $\frac{2}{3}$ and $\frac{14}{21}$.

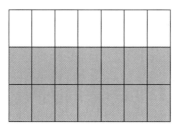

numerador El número escrito sobre la línea en una fracción. En la fracción $\frac{5}{8}$, 5 es el numerador. Cuando interpretas la fracción $\frac{5}{8}$ como parte de un entero, el numerador representa 5 de 8 partes iguales.

numerator The number written above the line in a fraction. In the fraction $\frac{5}{8}$, 5 is the numerator. When you interpret the fraction $\frac{5}{8}$ as a part of a whole, the numerator represents 5 of 8 equal parts.

número mixto Un número que se escribe con un número entero y una fracción. Un número mixto es la suma del número entero y la fracción. El número $2\frac{1}{2}$ representa dos enteros y un medio, y se puede considerar como $2 + \frac{1}{2}$.

mixed number A number that is written with both a whole number and a fraction. A mixed number is the sum of the whole number and the fraction. The number $2\frac{1}{2}$ represents two wholes and one half and can be thought of as $2 + \frac{1}{2}$.

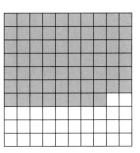

número racional Número que se puede expresar como cociente de dos números enteros positivos o negativos. Tú ya conoces los números racionales positivos, como $\frac{3}{4}$, $\frac{107}{5}$ y $3\left(\frac{3}{1}\right)$. Algunos ejemplos de números racionales negativos que verás en el futuro son $^-3$, $\frac{^-2}{5}$ y $^-20$. Tanto los números racionales positivos como negativos se pueden usar para representar situaciones de la vida real. Por ejemplo, las temperaturas o las medidas en yardas en un partido de fútbol americano pueden ser positivas, negativas o 0. Hay otros números, como pi, que no son números racionales.

rational number A number that can be written as a quotient of two positive or negative numbers. You are familiar with positive rational numbers like $\frac{3}{4}$, $\frac{107}{5}$, and $3\left(\frac{3}{1}\right)$. Some examples of the negative rational numbers you will see in the future are $^-3$, $\frac{^-2}{5}$, and $^-20$. Both positive and negative rational numbers can be used to represent real-life situations. For example, temperatures or yardage during a football game can be positive, negative, or 0. There are other numbers, such as pi, that are *not* rational numbers.

porcentaje "La parte de 100". Un porcentaje es una fracción decimal especial en la que el denominador es 100. Cuando escribimos 68%, queremos decir 68 de 100, $\frac{68}{100}$ ó 0.68. Para indicar porcentaje escribimos el signo correspondiente (%) después del número. La parte sombreada de este cuadrado es 68%.

percent "Out of 100." A percent is a special decimal fraction in which the denominator is 100. When we write 68%, we mean 68 out of 100, $\frac{68}{100}$, or 0.68. We write the percent sign (%) after a number to indicate percent. The shaded part of this square is 68%.

punto de referencia Un número de comparación que se puede usar para estimar el tamaño de otros números. Para trabajar con fracciones, $0, \frac{1}{2}$ y 1 son buenos puntos de referencia. Por lo general, estimamos fracciones o decimales con puntos de referencia porque nos resulta más fácil hacer cálculos aritméticos con ellos, y las estimaciones suelen ser bastante exactas para la situación. Por ejemplo, muchas fracciones y decimales, como por ejemplo $\frac{37}{50}, \frac{5}{8}$, 0.43 y 0.55, se pueden considerar como cercanas a $\frac{1}{2}$. Se podría decir que $\frac{5}{8}$ está entre $\frac{1}{2}$ y 1, pero más cerca de $\frac{1}{2}$, por lo que se puede estimar que $\frac{5}{8}$ es alrededor de $\frac{1}{2}$. También usamos puntos de referencia para ayudarnos a comparar fracciones y decimales. Por ejemplo, podríamos decir que $\frac{5}{8}$ es mayor que 0.43, porque $\frac{5}{8}$ es mayor que $\frac{1}{2}$ y 0.43 es menor que $\frac{1}{2}$.

benchmark A reference number that can be used to estimate the size of other numbers. For work with fractions, $0, \frac{1}{2}$, and 1 are good benchmarks. We often estimate fractions or decimals with benchmarks because it is easier to do arithmetic with them, and estimates often give enough accuracy for the situation. For example, many fractions and decimals—such as $\frac{37}{50}, \frac{5}{8}$, 0.43, and 0.55—can be thought of as being close to $\frac{1}{2}$. You might say $\frac{5}{8}$ is between $\frac{1}{2}$ and 1 but closer to $\frac{1}{2}$, so you can estimate $\frac{5}{8}$ to be about $\frac{1}{2}$. We also use benchmarks to help compare fractions and decimals. For example, we could say that $\frac{5}{8}$ is greater than 0.43 because $\frac{5}{8}$ is greater than $\frac{1}{2}$ and 0.43 is less than $\frac{1}{2}$.

R ───

razón Un número, a menudo expresado como fracción, que se usa para hacer comparaciones entre dos cantidades. Las razones también se pueden expresar como decimales equivalentes o porcentajes. $\frac{3}{5}$, 0.6 y 60% también son razones. Una frase como "120 de 200" es otra forma de representar una razón. Aquí hay tres maneras de demostrar la misma razón:

$$\frac{3}{5} \qquad 3 \text{ a } 5 \qquad 3:5$$

ratio A number, often expressed as a fraction, used to make comparisons between two quantities. Ratios may also be expressed as equivalent decimals or percents. $\frac{3}{5}$, 0.6, and 60% are all ratios. A phrase such as "120 out of 200" is another way to represent a ratio. Here are three ways to show the same ratio:

$$\frac{3}{5} \qquad 3 \text{ to } 5 \qquad 3:5$$

S ───

sistema numérico de base diez El sistema numérico que usamos habitualmente. Nuestro sistema numérico está basado en el número 10 porque tenemos diez dedos con los cuales agrupar. Cada grupo representa diez del grupo anterior, así podemos escribir números eficazmente. Si ampliamos el sistema de valor posicional para incluir lugares que representen fracciones con 10 o con potencias de 10 en el denominador, podemos representar fácilmente cantidades muy grandes o muy pequeñas. Abajo tienes una representación gráfica de cómo contar con el sistema numérico de base diez.

base ten number system The common number system we use. Our number system is based on the number 10 because we have ten fingers with which to group. Each group represents ten of the previous group, so we can write numbers efficiently. By extending the place value system to include places that represent fractions with 10 or powers of 10 in the denominator, we can easily represent very large and very small quantities. Below is a graphic representation of counting in the base ten number system.

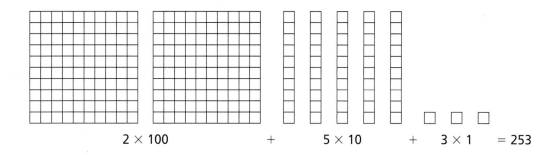

$$2 \times 100 \qquad + \qquad 5 \times 10 \qquad + \qquad 3 \times 1 \quad = 253$$

Índice

Índice

Agradecimientos

Créditos del equipo

A continuación se mencionan las personas que formaron parte del equipo de **Connected Mathematics2** tanto en el área editorial, como en servicios editoriales, y de diseño y producción. Los nombres de los miembros clave del equipo se presentan en negrita.

Leora Adler, Judith Buice, Kerry Cashman, Patrick Culleton, Sheila DeFazio, Richard Heater, **Barbara Hollingdale, Jayne Holman,** Karen Holtzman, **Etta Jacobs,** Christine Lee, Carolyn Lock, Cathie Maglio, **Dotti Marshall,** Rich McMahon, Eve Melnechuk, Kristin Mingrone, Terri Mitchell, **Marsha Novak,** Irene Rubin, Donna Russo, Robin Samper, Siri Schwartzman, **Nancy Smith,** Emily Soltanoff, **Mark Tricca,** Paula Vergith, Roberta Warshaw, Helen Young

Para el texto en español: Claudio Barriga, Marina Liapunov

Edición en español

CCI (Creative Curriculum Initiatives)

Otros créditos

Diana Bonfilio, Mairead Reddin, Michael Torocsik

Ilustración

Michelle Barbera: 8, 14

Ilustración técnica

WestWords, Inc.

Diseño de tapa

9 Surf Studios

Fotos

2 t, Peter Beck/Corbis; **2 b,** Dave King/Dorling Kindersley; **3 t,** NASA; **3 b,** Eastcott Momatiuk/Getty Images, Inc.; **5,** Richard Haynes; **6,** Richard Haynes; **16,** Colin Keates/Dorling Kindersley; **19,** Tom Stewart/Corbis; **20,** Richard Haynes; **25,** Richard Haynes; **26 both,** Richard Haynes; **28,** Russ Lappa; **35 all,** Russ Lappa; **41,** Richard Haynes; **43,** AP/Wide World Photos/ J. Pat Carter; **44,** Richard Haynes; **49,** Peter Beck/Corbis; **51,** SW Production/Index Stock Imagery, Inc.; **52,** Richard Haynes; **55,** Rocky Widner/NBAE/Getty Images, Inc.; **58,** Dave King/Dorling Kindersley; **61,** Ron Kimball Stock; **63,** Don Mason/Corbis; **64,** Frank Siteman/Getty Images, Inc.; **67,** Russ Lappa